超 知識を操る読書術

メンタリスト
DaiGo

かんき出版

まえがき

本書を手に取っていただき、ありがとうございます。
メンタリストＤａｉＧｏです。

あなたはこれまで「読書」に関する本を読んだことはありますか？

速読術？
読んだら忘れない記憶術？
フォトリーディング？

「苦手な読書が得意に変わるかもしれない」
「今よりもっと多くの本を読みたい」
「読んだ内容を忘れない方法を知りたい」

そんな思いから読書に関する本を手にしたのではないでしょうか。

では、その後のあなたの人生に、それらの「読書術」は役立っていますか？

答えが「ノー」なら、あなたにやっと幸運な出会いが訪れたことを約束します。

この**『知識を操る超読書術』には、本を仕事やプライベート、すなわち人生に役立つノウハウが詰まっています。**一方、答えが「イエス」、つまりこれまでの読書術でもそこそこの収穫があったという人にも、この本で類書にはない手法を知ることで、より充実した読書体験が得られるようになるはずです。


本書は、次のような悩みを抱えている人たちをイメージして書きました。

- **マンガや小説なら最後まで読めるけど、他の本は集中力が続かず、読み切れない**
- **読んでも内容が頭に入らない。翌日には忘れてしまう**
- **人より読書量は多いはずなのに、読んだ内容を人にうまく説明できない**

文章を読めることと、その内容を自分の人生に役立てることができるかは別のもの

です。学校や会社では、本を役立てるための読み方は教えてくれません。

あなたが右に挙げたような悩みを抱えているとしたら、その原因は「本の読み方」と「本の使い方」にあります。

50倍の生産性が手に入る
読書の「サイクル」とは

たとえば、私は1日に10冊～20冊の本を読んでいます。

こう言うと、その数を聞いて驚かれることがほとんどです。

「1冊読み切るのにも四苦八苦しているのに、どうしたら1日に20冊も？　そもそも、どんな読み方をしているのか？　魔法のような速読のテクニックを使っているのでは？」と聞かれることもあります。

しかし、魔法は何もありません。

これまで科学的に根拠のある読書の方法を学び、自分なりに読んだ本の活かし方を身につけました。

私はもともと、本を読むのが人よりも速かったわけでも、読解力が飛び抜けて優れていたわけでもありません。ですから、今の状態を作るまでには時間がかかりました。

とはいえ、**ただ「数（冊数）」を追ったわけではありません。**

根底には読書が好きで、本と向き合っている時間が幸せだという想い、人生の目的である**「知識の最大化」**を実現したいというモチベーションがありました。しかし、本書でこれから紹介していくメソッドを学べば、誰でも1日に5冊から10冊の読書ができるようになります。

日本の社会人の平均読書数は月に3冊弱。つまり、本書を読み、紹介された手法を実践し、習慣化することで、誰でも常人と比べ、50倍以上の知的生産性を身につけることができるのです。

そんな私が実践している「読み方」を分解すると、次ページのような「サイクル」になります。

結論から言うと、本から得た知識をアウトプットできるかどうかは、１つ目の「本

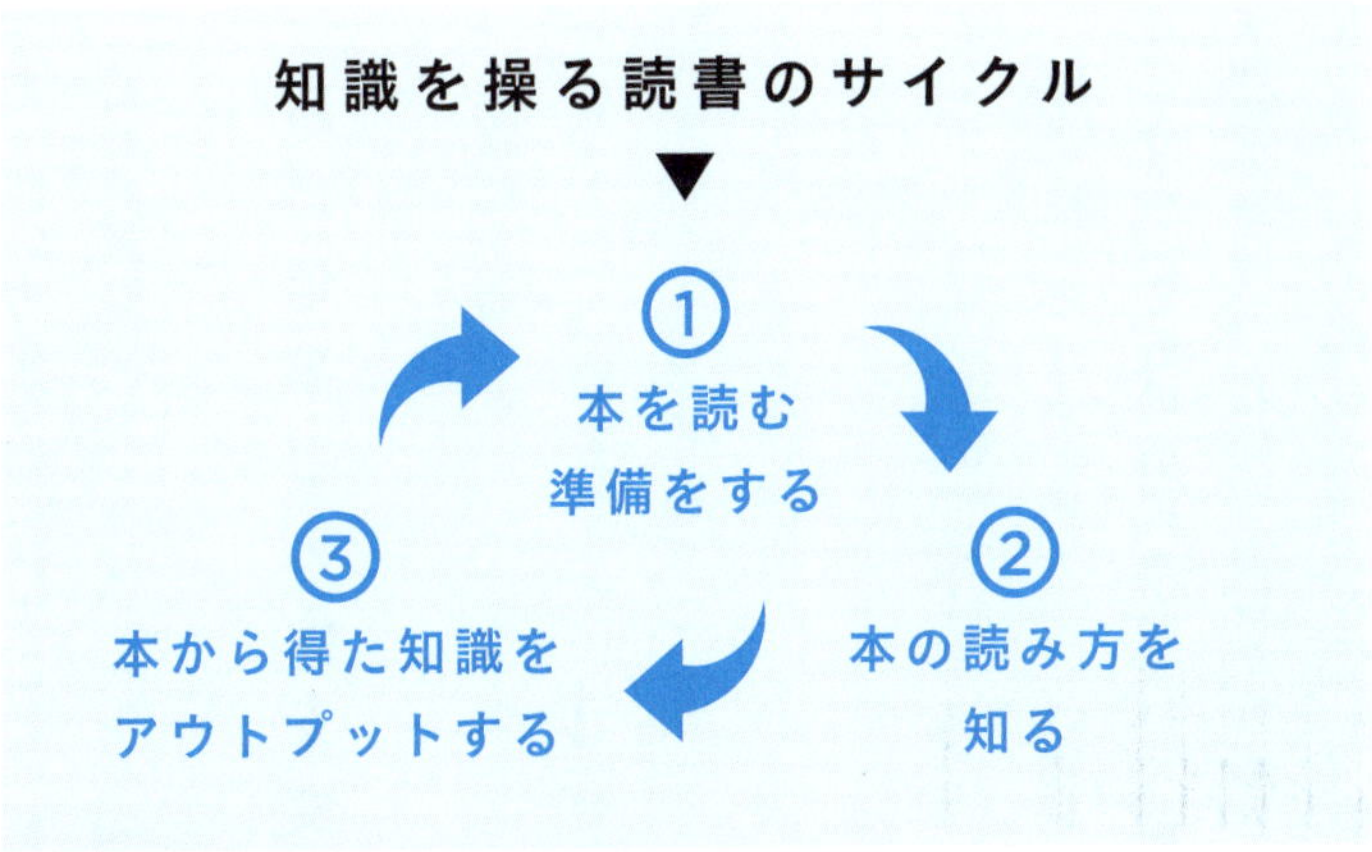

を読む準備」をしているかどうかで7割決まります。なぜなら、ほとんどの人が本を読むのに準備が必要だということを知らないからです。

たとえば、なんとなく本を手に取り、最初から読むものだと思ってページをめくり、進めていく人と、**「なぜ、自分はこの本を読もうと思ったのか」「その本からどんな知識を得たいと考えているのか」**という目的を明確にしている人とでは、読書体験が異なります。

「そんなこと当たり前だ」と思われたかもしれません。しかし、それを実践しているか、実践していないかでは、「差」が生じます。

大切なのは、**このサイクルを知り、本の読**

み方・使い方を行動に移すことです。

それを継続していけば、人生を大きく変える1冊に出会う確率が劇的に上がります。

私の仕事と人生を変えた1冊の本

実際に1冊の本が、人生を大きく好転させてくれることがあります。

あなたは、**『脳を鍛えるには運動しかない！　最新科学でわかった脳細胞の増やし方』**という本をご存知でしょうか。

私が筋トレや運動を始めるきっかけになった1冊です。

ハーバード大学の医学部の先生が書いたもので、論文をもとに「脳細胞を鍛えるにはどうすればいいか」が科学的に解き明かされています。

簡単に内容をまとめると、**「少しきつめの有酸素運動を行うことで脳の血流が高まり、脳内にBDNF（脳由来神経栄養因子）という物質が分泌される。これが何歳になっても脳の働きや成長を促し、アンチエイジングにも**

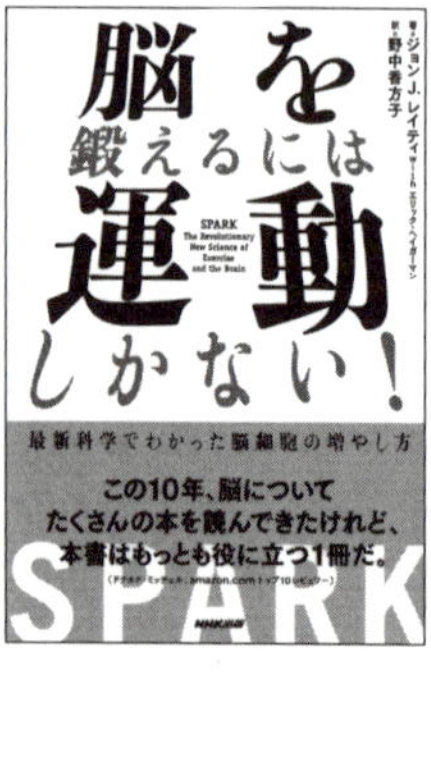

効果があると言われている」ということがエビデンス（科学的根拠）とともに書かれています。

この本を読むまで私は、ジムで筋トレをする人、皇居の周りをランニングする人、週末に趣味で野球やテニス、フットサルをしている人たちに対して、「何で運動するの？」「スポーツの何が楽しいの？」と懐疑的でした。

生まれてからずっと身体を動かすのは億劫で、スポーツが嫌い。しかし、**この本を読み終えた直後、私はジムに入会しました。**この先も読書を楽しむためにも、人生の目的でもある「知識の最大化」を目指すうえでも、脳の良好なコンディションを保つことが不可欠で、そのために最も役立つ方法が運動であるなら、すぐに取り入れなければもったいないと腹落ちしたからです。

こうして私は高校の体育の授業以来、ほとんどしてこなかった運動を生活に組み込むようになりました。**その後の変化は劇的でした。**ニコニコ動画のチャンネルや

ＹｏｕＴｕｂｅチャンネルをご覧の方はよくご存知のことだと思いますが、今や私の生活に筋トレと有酸素運動は欠かせないものとなっています。

そして、実際に運動を始めたことで**行動力や集中力が高まるという変化も実感しました。ストレスホルモンであるコルチゾールの値が下がることで不安が減り、逆に勇気をもたらすテストステロンの値が上昇。**今でも本を読むことが一番の趣味ですが、そこに「旅」という楽しみが加わりました。

海外を旅行し、いつもと異なる環境で本を読み、インスピレーションを強く受け、得たものをアウトプットしていく。１冊の本が、私の人生の可能性を大きく広げてくれたのです。

私が『脳を鍛えるには運動しかない！』を読む前にした準備は、**「脳をいい状態に保ちたい。だからこそ、脳を鍛える方法を知りたい」と、ほしい知識を明確にしたこと。**その後、先述した「サイクル」を回しながら、本と向き合い、実践していきました。

自分にとって必要な本と出会い、その内容を使いこなすことができれば、千数百円の投資から大きなリターンを期待できるのです。

しかも、このサイクルは四則計算や九九が一度できるようになると忘れないのと同じく、**一度、身につければ一生使えます。**

アクション1・本を読む準備をする
アクション2・本の読み方を知る
アクション3・本から得た知識をアウトプットする

読む準備を整え、正しい読み方を身につけ実践し、読後の生活に本を役立てる。
このサイクルは、実用書、専門書、ビジネス書など、あらゆるジャンルの本に使うことができます。

知りたい章からページを開いてください

「本をどこから読むのか?」は、読む準備によって変わってきます。

本書の場合、読書そのものに苦手意識がある人は、第1章から順番に。

苦手意識はないけれど、「1冊の本を読み切ることができない」と悩んでいる人は第2章から。

本の内容を今以上に自分のものにしたいと願っている人は第3章から。

読んだ本を仕事や生活に役立てる方法を知りたい人は、第4章から。


こんなふうに読みたい章から先に読み始めるのも、本書で解説する手法の1つです。

小説やマンガのようにストーリーを楽しむジャンルは別ですが、本は最初のページから最後のページまでじっくりと読まなければいけないわけではありません。

重要なのは、あなたが読書の前に「得たい知識」を明らかにすることです。


自分の何かを変えたい、変わりたい、変わらなくちゃいけないという気持ちになったとき、人は本に手を伸ばします。そして、人間は変わらなくてはいけない理由がないと変わることができません。

つまり、どのジャンルの本であれ、**「これを読もう」と思い立つということは、あ**

なたの心が変化を求めているサインです。

あなたはなぜ、読書をするのでしょうか。
本書とともに、その意味を問い直していきましょう。

2019年10月

メンタリスト DaiGo

本文中で取り上げた書籍は、書名、著者名、出版社名とともに巻末にまとめて載せています。

『知識を操る超読書術』もくじ

第2章　読書の質を高める3つの準備

第3章 理解力と記憶力を高める5つの読み方

第4章 知識を自在に操る3つのアウトプット

編集協力　佐口賢作
リサーチ　鈴木祐
ブックデザイン　小口翔平＋三沢稜（tobufune）
イラスト　白井匠（白井図画室）
DTP　Office SASAI
ヘアメイク　永瀬多壱（Vanités）
スタイリスト　松野宗和
撮影　早船ケン
撮影協力　東洋文庫ミュージアム

第1章

読書にまつわる3つのフェイク

非科学的な読書術をぶった斬る

第1章ではまず、「**読書に対する3つの誤解**」について紹介します。

読書の習慣がない初心者も、本を読むのが苦手という人も、そこそこの読書量はあるのにあまり役立っている実感がない人も、共通して陥《おちい》りがちな誤解が3つあります。

それは、「速読」「多読」「選書」に関する間違った思い込みです。

・「速読」については、「読書を好きになるには、本を速く読む力が必要。速く読めるようになれば読書量が増え、人生に役立つ読書ができるようになる」と。

・「多読」については、「本好きの人は、たくさんのジャンルの本を同時並行でたくさん読んでいる。多読するから興味が広がり、読書の習慣が途切れないのだ」と。
・「選書」については、「いい本を選んで読むこと。それが最も効率が良くて、身につく読書法に違いない」と。

どうでしょう？　あなたは、「役立つ本の読み方は？」と聞かれたとき、「1冊の本を速く読むこと、たくさんの本を読むこと、いい本を読むこと」が重要だと考えてはいないでしょうか？

実は、こうした思い込みが「本を読む前の準備を整えること」を邪魔し、結果的に「本を役立てるための読み方」も妨《さまた》げているのです。

「速読」に囚《とら》われると内容が置き去りになり、「多読」を目指すと目的を見失い、「選書」にこだわると自分に都合のいい本ばかり読んでしまいます。

何事も間違ったアプローチでは、正しい成果を得ることはできません。あなたの読書の常識を改めていきましょう。

フェイク1

「速読」の嘘

速く読んでも
読む力は上がらない

私は、毎日10～20冊の本を読んでいます。

取材などでそうお伝えすると、高い確率で「速読ですか？」と聞かれます。たしかに「たくさんの本を読むには、速く読む必要がある」と考えるのは自然なことです。

気になることは実践し、その効果を検証するのが大好きな私は、世の中に出回っている速読法をほとんど試しました。

結論から言うと「1分で文庫本を1冊読めるようになる」という方法も「見開きを写真のように写し取って、潜在意識に記憶する」という手法も、熱心に勧める実践者が言うほどの効果は得られませんでした。誤解を恐れずに言えば、あれは眉唾《まゆつば》です。

仮に1冊を1分で読めるようになれば、短い休憩を挟んでも1時間で40～50冊は読める計算になります。もし、そんな魔法のような速読法を私が身につけていたとしたら、ひたすら本を読んで、圧倒的な知識でもってビジネスを成功させます。

少なくとも速読法を教えるビジネスを始めようとはしないでしょう。人に速読法を教えて稼ぐよりも、圧倒的な知識に裏付けされたビジネスのほうが効率よく稼ぐことができ、社会にも貢献できるからです。

私の敬愛する立花隆先生によれば、**「あるジャンルの本を並べて1・5メートルの長さになるくらい読めば、その分野の専門家になれる」**といいますから、1冊1分の速読法が本当なら、数時間で1つのジャンルの専門家になれるわけです。

これなら、あっという間に世界最強の頭脳の誕生です。

世界最先端の研究でも、速読は否定

実際、速読の効果はさまざまな大学の研究者たちにも検証されています。日頃から読む量を求められる研究者も、一度は**「1冊1分で読めるなら……」**という希望を抱いたことがあるのでしょう。しかし、導き出された結果は期待を裏切るものでした。

2016年にカリフォルニア大学の研究チームが過去145の研究データから「速読は可能なのか？」を調べ、次のような結論を出しています。

- **読むスピードを上げると、読んだ気になるだけで内容の理解度はむしろ下がる（理解とスピードはトレードオフの関係にある）**
- **読書のスピードと時間を決める要素の中で、目の動きや周辺視野が占めるのは10％以下しかない**

つまり、テキストを写真のように眺める手法にはほぼ効果が認められず、速く読むことに特化した読書法では本の内容のほとんどが頭に残らないというわけです。

以前、速読協会が主催する速読選手権のチャンピオンが『ハリー・ポッターと賢者の石』を47分で読んだというニュースがありました。

チャンピオンは本の感想を求められ、「これはページをめくる手が本当に止まらない素晴らしい一冊だ。最高に楽しかった。子どもたちには大人気ですし、子どもが好きそうなシーンもたくさんあります。でも、ちょっと悲しいシーンもありますね」とまとめていたそうです。

要するにテクニックとしての速読は、単なる飛ばし読みに過ぎません。

得られるものは、「読んだ気分」です。速読チャンピオンも、47分間で分厚いハリー・ポッターの本を読んだという満足感には浸っていますが、内容はほとんどつかめていません。ですから、キャラクターの名前にも物語の山

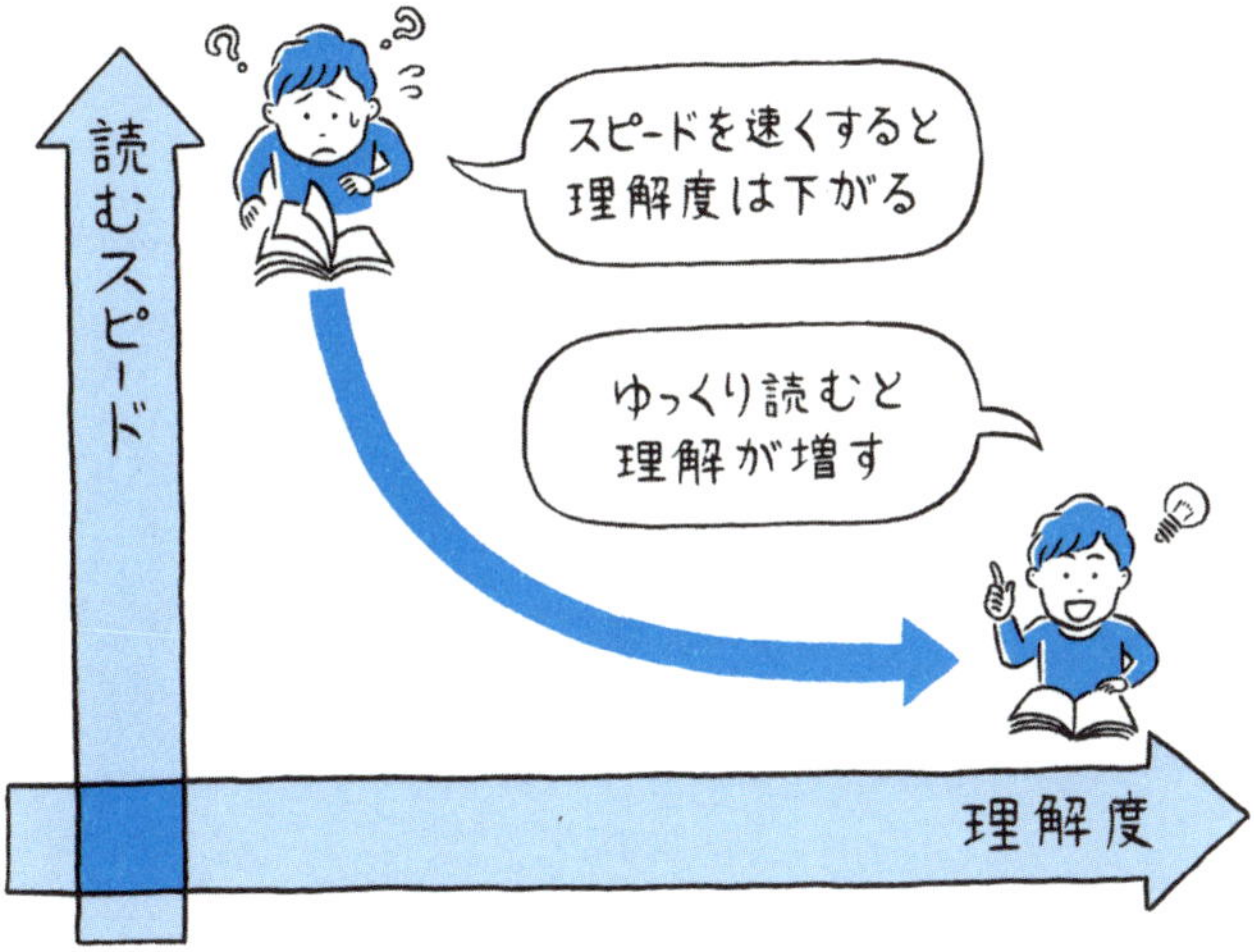

速く読むと理解度は下がり、ゆっくり読むと理解度は高まる

場にも触れることのない感想しか出てこないのです。

「読むスピードを上げると、理解度は下がる」。

別の見方をするとこれは、**「速く読める本は、内容が簡単である」**ことを意味します。

読書は本来、自分がまだ知らない世界や考え方に触れるための行動のはず。簡単、つまりあまりためにならない、すでに知っていることが書いてある本なら誰でも速く読めるでしょう。しかし、そんな本は「ハズレ」とも言えます。

反対に、**丸一日かけても読み切れない、1日10ページぐらいしか進まないような本こそ、丸ごと読み切ると力になります。**読む速さと得るものは、トレードオフの関係にある、ということを認識したほうがいいのではないでしょうか。

本をただ速く読むことに意味はありません。

読む速さよりも大切な読書スキルとは？

もう1つ読む速さにまつわるショッキングな事実があります。

それは、読書スピードには「生まれ持った遺伝子」が大きく関わっているという研究結果です。

2010年にオハイオ州立大学が一卵性双生児と二卵性双生児を対象に、本を読む力と遺伝子の関係を調査したところ**「文章を読むスピードに関しては4分の3が遺伝で決まる」**という結果が出たのです。

つまり、私たちの身の回りにまれに存在する「飛び抜けて読むのが速いうえに理解度も落ちない人たち」は、本を読む能力に関する優れた遺伝子をもともと持っているということ。これは、なかなかの残酷な真実です。

では、そうではない私たちは「本を速く読み、理解すること」を断念するしかないのでしょうか？

いいえ、まだ諦めてはいけません。生まれつきの才能がなくても実践できて、本を読む力を確実に高めてくれるテクニックはあります。そのテクニックが**「スキミング＝拾い読み」**です。速く読むのが不可能なら、**読むべき箇所を減らせばいい**のです。

前述の速読の可能性をレビューしたカリフォルニア大学の研究チームは、こうも指摘しています。

「内容を十分に理解しながら読むスピードを確実に速くする唯一の方法は、オールドファッションな練習しかない。すなわち、大量の言葉に触れれば触れるほど、文章を処理する能力は速くなっていく。種類が異なるさまざまな文章を読みこなす訓練をすることで、私たちはいろいろなタイプの言葉に馴染みが生まれる。その結果、テキストの認知処理スピードが高まっていく」

端的に言うと、**「ひたすら読むしかないよ」というアドバイス**です。

「それができれば悩まない」「1冊、読み切ることができなくて困っているのに、ひたすら読めと言われても……」と、あなたはこの研究チームのアドバイスに対して、心の中でツッコミを入れたのではないでしょうか。

その通りです。多くの人は「ひたすら読む」という領域まで到達しないことに悩んでいるのですから。

科学的に正しい「速読」とは

▼

本を読むスピードは「生まれつき」で決まる

↓

それでも速く読むには？

↓

△速読を学ぶ

◎読む本、読む箇所を減らす。これがスキミング

そこで、オススメしたいのがスキミングです。これは科学的に正しい「速読」になります。**速く読むメリットは、その本が読むべき本なのか、読むに値する本なのかどうかを見分けられること。**

パッと見て、知りたいことが書かれているからじっくり読んだほうがいいな、すでに知っている内容だからサッと目を通すだけで十分だ、これは目を通す価値すらない……。

そうやって**「選ぶ力」が身につけば大幅な時間短縮が実現できます。**

本の山から読むべき1冊を見つける私の読み方

スキミングの方法を説明しましょう。

まず本を読む前に、**その本を読むことによって何を手に入れたいのかを考えてください。** すると、**読むべき箇所が10分の1にまで減らせます。** 効果的な「事前の準備」については、第2章で触れています。

注目するポイントは、表紙（カバー）、帯、目次、そして1つの章です。

実用書やビジネス書の場合、1冊の本は概ね10万字（400字詰の原稿用紙250枚）分の原稿で書かれています。その文字量を最初から最後まで「スキミング＝拾い読み」するのは、集中力が必要です。

そこで、**まずは本の表紙をスキミングしましょう。** 多くの場合、書籍のタイトルは著者と出版社が知恵を絞り、本の内容をギュッと要約したものになっています。言わば、10万字が十数文字に圧縮されているわけです。

タイトルとキャッチコピー、帯に書かれた紹介文をチェックすると、その本が伝えようとしているメインテーマをつかむことができます。

次に目次をスキミングしましょう。

日頃、読み飛ばされがちな**目次には、本の構造や骨組みが書かれています。**詳しくは第2章で解説しますが、**目次を拾い読みするだけで内容に対する理解度は格段に上がります。**

そして**最後にどこか1つの章を拾い読みしていきましょう。**

はじめの1章でもいいですし、目次を見て気になった途中の3章でも5章でも

スキミングの手順

▼

① 表紙・帯を読む

タイトルやキャッチコピーには、本の要点が書かれている

② 目次を読む

「知りたい！」「まだ知らない！」と思った章や見出しを探す

③ 気になる1つの章を読む

自分のレベルと照らし合わせる。
知っている・知らない情報が半々くらいが1つの基準

かまいません。**「すべてを読もう」とすると、集中力を消耗してしまいます。**自分で「ここ」と決めた章を開き、スキミングします。

さらに初心者の方なら、「図や太字」があるような章をピックアップして読むことで、スキミングのスピード感を体感していきましょう。

このように表紙、帯、目次、本文のどこか1つの章という順に拾い読みをしていくわけですが、私がよくやるのは、**本のど真ん中の章のスキミング**です。

というのも、自分が原稿を書くときも「はじめに」や「1章」は読者を惹きつけるため、特に面白いと思えるネタを盛り込んでいるからです。そして、終盤の「5章」あたりも読後感を良くするため、力を入れます。

こうした本の構成はジャンルが違っていても、大きくは変わりません。決して力を抜くわけではありませんが、本の中盤は堅めの話や大切だけれどあまり引きは強くないエピソードが語られることになるわけです。

ですから、**ど真ん中の章をスキミングして「面白い」「読みやすい」「興味深い話が**

載っている」と感じたら、その本はあなたにフィットした1冊である可能性が高いと言えます。

〝無料本〟で、読み捨てる勇気を持て

10万字の本で5章構成であれば、1章分のページ数はおよそ30〜40ページ。そこをパラパラと拾い読みしていきます。

意味がわからない単語や難しい言い回しに気づくことなく、ささっと読み進めていくことができたら、その章はあなたにとって理解しやすく読みやすい章だと言えるでしょう。ただし、すでに自分が知っていることが書かれている本、あるいは**内容が簡単なため、あまり役に立たないという可能性もあります**。その場合、スキップして他の章を読むか、別の本に替えましょう（読み捨てるのがもったいなく感じるときは、Kindle Unlimitedがオススメです。無料で読めるので、気軽にスキミングが試せます）。

逆にパッと見てすぐに「ん?」と引っかかる難しい言い回し、見聞きしたことのな

い専門用語が目につくようなら、その本はあなたにとって難易度の高い本だと言えます。無理に熟読しようとしても時間がかかるばかりで挫折してしまうかもしれません。

アリゾナ大学の研究結果では、8割程度スラスラ読むことができ、2割の引っかかりがあるレベルが読み続けるモチベーションを維持するのに適した難易度の本だとしています。


ただし、この8割、2割という数字も本人のこれまでの読書量、培ってきた知識によって変動します。

スキミングの段階で「自分には難しすぎて理解できそうにない」というお手上げレベルの本はそっと閉じるとして、それ以外の本については読むべき内容の本としてキープしていきましょう。

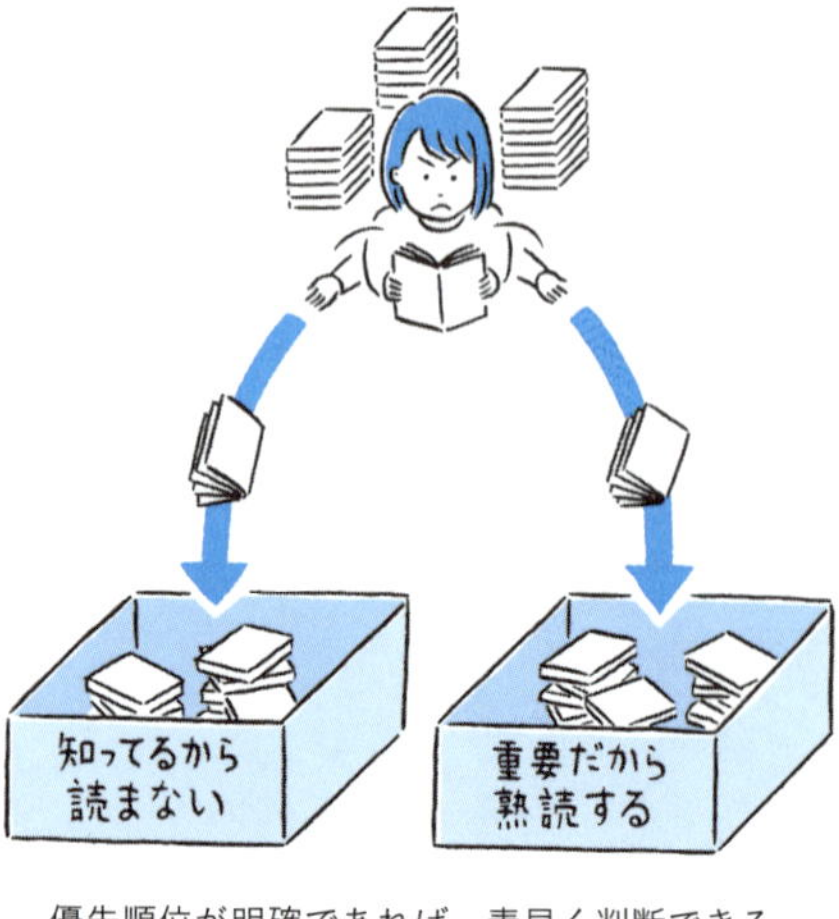

優先順位が明確であれば、素早く判断できる

文章は「構造」を読め

私の読み方をもう少しお話ししましょう。

先ほどは「太字や図が多い本が、スキミングの感覚を得やすい」と説明しましたが、私の場合、セクション（見出し）の最初の部分、つまり**導入の部分と、最後の結論の部分を重点的に読んでいます。**


なぜ「導入と結論」なのか。これは**「文章構造」**の話です。

その本の概要や概論を知りたければ、「導入と結論」を読めば要点がつかめるからです。結論部分は、たいてい「しかし」や「つまり」などの接続詞の後に著者の伝えたいメッセージとして書かれている場合が多い。


「しかし、○○だと思い込んでしまうと本質を見誤る可能性がある」

「つまり、○○の問題だということだ」

特に改行されての「しかし」や「つまり」の後の文章には、このパートで著者が伝えたいデータ、メッセージが続く傾向があります。私は、これを**「しかし、つまり読み」**と呼んでいます。

一方、実験データ（数字）や出典を知りたければ「具体例」を読んでいきます。具体例の部分は、説得力を上げるためだったり、わかりやすく説明するために存在するので、「結論」を読んでわからないときは具体例を読めばいいでしょう。私は、結論が理解できるときは具体例を飛ばしています。

ごくまれに著名人のエピソードが具体例として出てきて「これは動画配信で使えそうだ」と思った場合は、しっかり読んで記憶します。

結論を覚えて、セットとして出典も覚える。**私は本に「科学的根拠（エビデンス）」を求めているので、実用書の場合、結論と出典の2つを押さえます。**「何のためにここを読むのか」という目的をしっかり意識していれば、本を開いてすぐ読むべき箇所

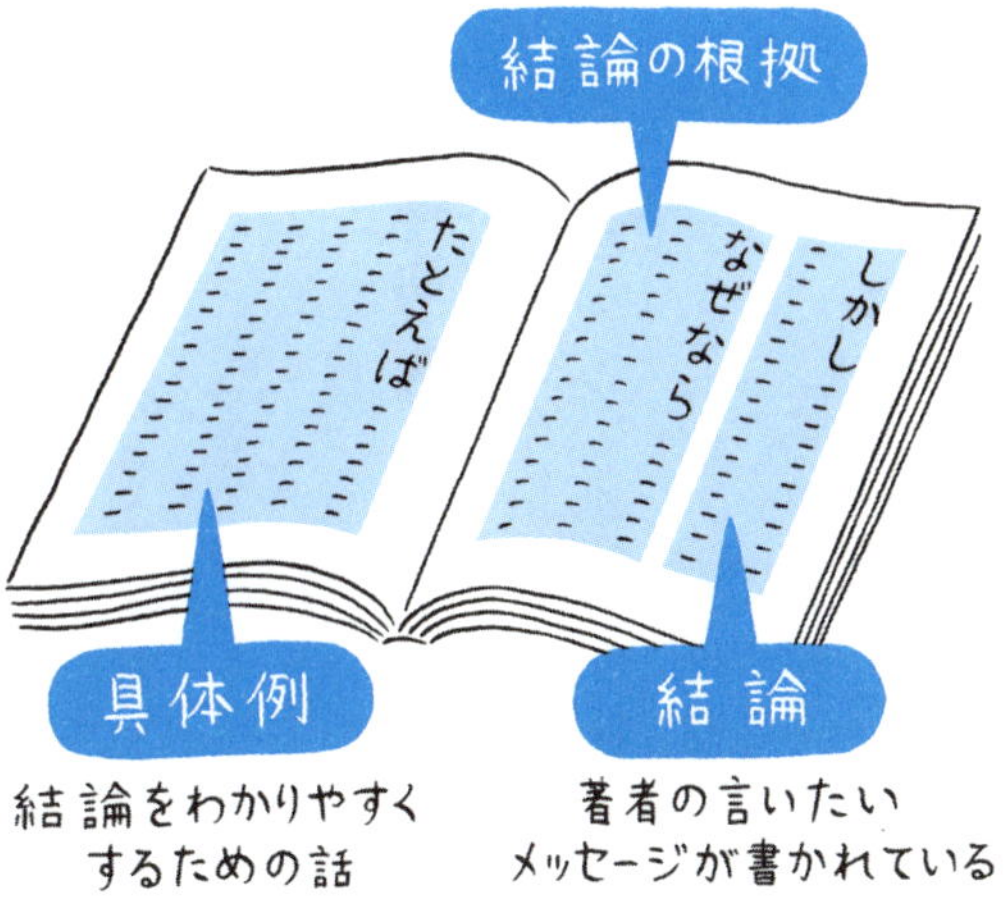

が判断できるので、自ずと読むスピードは速くなります。慣れてくると、目次を見ただけで読む必要がない章かどうかを判別できるようになります。

本を開き、スキミングをする前に、あなたが手に入れたい知識、あるいは達成したい目標を決めて臨みましょう。

「全部頭に入れたい」というような素晴らしい本は、何回も熟読すべきなので、そもそもスキミングの対象外です。大切なのは、その本が熟読の対象なのか、速読（手早く読むという意味）の対象なのかを明確に分けること。**1冊の中の重要な箇所とそうでない箇所を判別するために速く読み、重要な**

ところは何度も熟読しましょう。

読書は、必要になったらもう1回読めばいい、という気軽なスタンスで臨んでかまいません。**辞書のような感覚です。**そのほうが内容が頭に入ります。繰り返しになりますが、ただ本を速く読むことに意味はありません。

基礎知識が読むスピードを上げてくれる

このスキミングを効果的に行うためには、1つの条件があります。それは、その本がテーマとする分野の「基礎知識」を持っていること。

なぜならスキミングとは、その本の中の言葉の意味を拾っていき、それが自分にとって必要な知識なのか必要がない知識なのか見分けるという読み方だからです。ですから**まったく知らないジャンルの本はスキミングできません。**

一例として、次のような文章があったとしましょう。ノーベル経済学賞を受賞したダニエル・カーネマンの『ファスト&スロー』の一節です。

プロスペクト理論を話題にするときは
「彼は損失回避の傾向が強すぎて、ものすごく有利なチャンスまで断ってしまった」
「彼女は途方もない財産を持っているのだから、ささいな損得に感情的に反応するのは意味がないと思うけど」
「彼は損失に利得の二倍の重みをつけているが、これはごくまともな反応だ」

第27章　保有効果――使用目的の財と交換目的の財

おそらく図11のようなグラフは、経済学を学んだことのない人でも目にしたことがあるだろう。このグラフは二つの財の「無差別曲線」と呼ばれる。

たとえばこの文章を見たときに、「損失回避」という単語を知らなければ、どう頑張っても読み解くことができません。「保有効果」や「無差別曲線」という言葉の意味もわかっていなければ、この文章は理解できないでしょう。

ですから**スキミングをするためには、そのジャンルにおいて、基本的な単語やその**

言葉の使われ方というのを知っていることが前提になります。

では、基礎知識を身につけるには、何を読めばいいのか？

私はそう聞かれたとき、「最初は基本となる本、教科書や入門書を読むといいですよ」と答えています。イソップ童話の「ウサギとカメ」の教訓ではないですが、**知識を操るレベルになるには、ゆっくり着実に進むことが重要です。**

「あれもこれも読まなければ……」と闇雲に全力疾走するよりも、**最初にその分野の教科書や入門書を読み、知識の土台を作ること。**初めて触れる分野の場合、どの本を開いても専門用語が出てきますし、考え方そのものが日常生活とは異なるので、読む速度は上がりません。

オススメの本は、ジャンルによって変わりますが、心理学でいうと『ヒルガードの心理学　第16版』など、大学の教養課程レベルの教科書がよいでしょう。１０００ページ以上ある分厚くて大きい本なので、読むのが大変

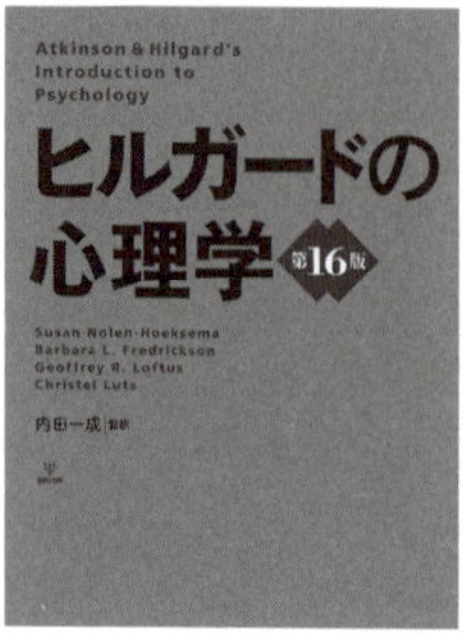

そうに思えますが、実際は文字が大きくイラストや図表が多いので、「資料集」のように楽しめます。

「それでも分厚すぎて読む気がしません」という方は、最初は『心理学・入門　心理学はこんなに面白い 改訂版』のような初心者向けの読み物を1、2冊読んで興味を高めるのもいいでしょう。

そうやってカメのようにコツコツと教科書や入門書を読み進めていき、心理学の基礎知識を頭に入れておくことで、**そのジャンルに慣れ親しみ、知識を増やします。すると、新たな本と向き合ったとき、すでに知っていること、今の自分には必要ない部分が見分けられるようになります。**その結果、1冊の本を読むための時間が短くなっていくのです。

ちなみに『ヒルガードの心理学』のほか、『心理学大図鑑』も同じく資料集のように読みやすく、オススメです。

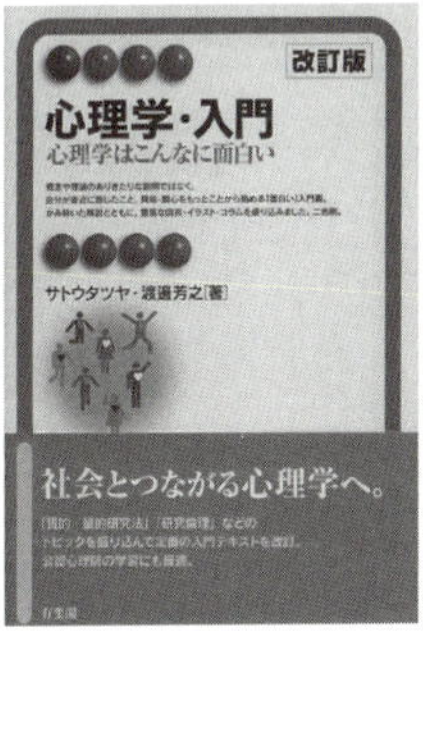

「速読」についての私の結論

ここまでの内容をまとめましょう。

- **その本の分野の「基礎知識」をしっかり頭に入れること**
- **スキミング（拾い読み）によって、読み飛ばす部分を決める、すなわち集中的に読む本や読むべき箇所を決める**

この2つが、科学的に正しい速読スキル。基礎知識を十分に身につけたうえで、本の中で自分が必要な箇所を読んだ場合、速く読むことが可能になるのです。

基礎知識を十分に身につけていると、本の中の「読むべき場所」を判断できるようになり、そこに書いてある内容を予測できるようになります。その結果、本を速く読むことができるようになるわけです。

さらに、基礎知識を十分に身につけていると、「**読むべき本はそんなにない**」という事実にも気づきます。

実際、一般的に売っている本は、過去の知識を踏襲したうえで著者の意見が10％から20％、新しい事実が10％から20％入るという構成になっています。読み手の頭の中に基礎となる知識が入っていて、ある程度読み慣れたジャンルの本を目的に応じて読む場合、精読するべき場所は1冊につき、7％から11％くらいしかないという研究データもあります。

このように**わずかな読むべき場所を探すという方法**。これが科学的に正しい速読スキルということになります。

ポイント

本をただ速く読むことに意味はない。
スピードより大切なのは、読むべき箇所を選ぶ力。

フェイク2

「多読」の嘘

たくさん読んでも
知識は増えない

日頃、あまり本を読まない人から見ると、読書家と呼ばれる人たちは本当にたくさんの本を読んでいるように見えることでしょう。そして、多くの本を読むことで関心が広がり、さらに読書の輪が大きくなっていくとも言われます。

これが、たくさん読むほど得られる効果も大きくなるという「多読」です。

しかしそれは「働く時間が長ければ、収入も上がる」という話と同じ理屈です。真実かといえば、疑問が残ります。その考えの根底にあるのは「あらゆる本は無条件でいいもの」という思い込みでしょう。**「速く読めればたくさん読める。たくさん読めれば知識も増える」というのは勘違い**です。

英誌「エコノミスト」が「過去10年間で最も影響力のある経済学者」と評し、読書家としても知られるタイラー・コーエンは、「読めば読むほど、1冊あたりの情報の価値は低下する」とも言っています。

これは、あるジャンルに精通していくと読めば読むほど新しい情報が少なくなり、読むべき本がなくなっていく、というせつない話。本の価値が減るということです。

本は、大量に読む必要はありません。特に「本を読むのが苦手」「読書が習慣になっていな

「多読」よりも大切なこと

▼

△たくさん読んで、たくさん知識を得る（多読）

**◎ほしい知識が明確であれば、
少ない情報からでも、
多くの知識を得ることができる**

い」という人は、**多読を目指すよりも、読む前の「準備」を大切にしてください。**実はこのステップをなしにいくら本を読んでも、知識が右から左へと抜けていってしまうのです。逆に必要な知識が明確であれば、**少ない情報からも多くの知識を身につけることができる**ようになります。

私も1日10～20冊の読書をしていますが、その中で熟読するのはたった数冊です。もちろん、多読で得た知識、情報はいずれ役立つ可能性はありますが、多くの場合どの本も中途半端な理解のまま、「積ん読」状態になってしまうのです。

なぜ、「事前準備」が読書効率を上げるのか？

私は以前、ヨーロッパを旅行中、移動の飛行機や鉄道の座席で現地の言語を勉強していました。

と言っても、手元にあったのは「旅のスペイン語」や「旅のフランス語」といった入門書です。

英語にはあまり不自由していないので、「それぞれの国の言語で、挨拶やレストランでのちょっとしたやりとり、それと自己紹介を学ぼう」という**明確な目的**があり、実際に現地入りしているので**必要性**にも迫られていました。

すると、移動中という短時間にギュッと集中し、具体的なシチュエーションを想像しながら読み進めることで会話に必要な単語、フレーズがきちんと頭に入ってきたのです。

このようにアウトプットを具体的に想定しながら、インプットとして本を読むとき、**脳はいつも以上の働きを見せてく**

読んだ後のイメージが明確であれば、本の吸収力が高まる

れるのです。

集中状態とは「フロー状態」のことを指します。フロー状態は、そもそも人類の緊急システムに基づいており、「条件」がそろわないと発動してくれません。

その条件とは2つだけ。1つ目が、目の前に危険が迫っているとき。2つ目が、「自分の成長」や「自分の生存」に役に立つスキルが得られそうだとイメージできるときです。要するに、**「切羽つまった状況」か「それを身につけることによって大きな得ができる状況」**が**具体的に想像できないとフロー状態につながらない**、ということです。

誰でも切羽つまったら頑張れますが、事前に具体的な状況を想定することは難しい。それゆえに高い集中力やモチベーションが維持できず、本を読んでも覚えられないし、スキルが身につかないという結果に陥ってしまうわけです。

これはまるで、料理の献立を決めないでスーパーに行っているようなもの。目の前に必要な食材があっても、それに気づかず素通りしてしまいます。

読書もまったく同じです。**ほしい知識があるからこそ、必要な情報に気づき、その「使い方」を考える**はずです。

ですから、**私は読む前、読んでいる最中、そして読んだ後にメモをします**。本に書かれている内容は要するに何なのか、何に使えるのか。根拠となる出典はあるのかなど、読み進めながらその都度、思いついたり考えたりしたことをメモにしてまとめています。**この読み方で、私は知識の最大化を実現しています。**

数をこなすことよりも、より少ない本から情報をたくさん得ること。**感情や集中力を利用して記憶を深め、実践すること。読む「目的」がそれを実現してくれます。**私は、多読よりもそういった「心構え」が大切だと考えています。たくさん読むことだけには意味はありません。

具体的な「事前準備」については、第2章以降に数多く紹介しています。楽しみにしてくださいね。

知識の土台ができたらジャンルを広げよう

ちなみに「多読」は、基礎知識を養い、土台をしっかりと作った後なら一定のメリットがあります。

というのも、目的に合った自分に必要な本だけを読んでいると、「世界」が広がらなくなる段階があるからです。

あるジャンルの「行き止まり」にぶつかるイメージです。

たとえば金融について学ぶ必要があったあなたが、目的を持って土台となる本を読み、一定の知識を身につけたとしましょう。

その後、同じジャンルの少し難易度の高い本、古典と呼ばれている本から最新の情報を集めた本まで範囲を広げていきました。

するとその結果、以前はよくわからなかった経済ニュースについてもキャスターや専門家が語る内容が理解できるようになり、金融の世界そのものが好きになっていきます。そしてより深いテーマの本を手にして、専門性を高めていきます。

この流れのどこにも悪いところはありません。

しかし、**それだけの読む力がついたからこそ、「多読」の準備が整ったとも言えるのです。**私自身、心理学に興味を持った頃、ここまで紹介したような読み方で専門性を高めていきました。入門書を読み、気になる心理理論の解説書を読み、古典に触れ、最新の論文にも手を伸ばし、気づけばメンタリストとして人の心理を解説できるレベルの知識が身についていました。

基礎が身についたら、ジャンルを横断してみよう

ところが、あるときから窮屈さを感じるようになったのです。

心理学のことはわかるけれど、日々躍動する経済のことはわからない。経済や金融を動かしているのは人間なので、人間の心が大きく関わっているにもかかわらず、自分とは関係のない世界だと切り離して考えていたのです。

自分の興味があるジャンル、必要だと思う本だけを読んでいると知識が偏り、世界が狭くなります。それは個人の可能性を狭めることにもなります。

複数のジャンルを混ぜると、アイデアが生まれる

現在の私が、数多くの動画を配信し、ジャンルを横断してさまざまな本を出版することができているのは、7割、8割は興味や関心のある分野、残りは役に立つ、立たないを考えずに読むようにしてきたからです。

私は日頃、ディスることの多いスピリチュアル系の本も読んでいます。それは反面教師としてでもあり、スキミングしていると普段は知りえない情報が1つか2つは見つかるからです。

ビジネスの世界では持続的イノベーションと破壊的イノベーションの両方が必要だと言われますが、これは読書にも当てはまります。土台作りができた後は、意識的に多読することによって興味を広げていきましょう。

すると、心理学の知識が経済学の世界でも役立つように、身につけたものが他のジャンルを読み進めるときの材料になる知的な喜びを実感することができます。

そんな「読み方」に1日でも早くたどり着くために、本書を読んであなたなりの「型」をいち早く身につけてください。

ポイント

読書の成果は、「数」では決まらない。
感情や集中力を利用して、記憶を深め、
少ない本からでも効率的に知識を得よう。

フェイク3

「選書」の嘘

アウトプットするなら「ダメな本」を読め

あなたは、世の中に役に立ついい本と役に立たないダメな本があると思っていませんか？　どうせ読むなら、役に立ついい本を選びたい。そう考える気持ちはよくわかります。同じ時間を使うなら、いい本を読み、必要な知識を吸収したほうが効率的です。

しかし、**本は読み手の状況によって、その価値が大きく変わります**。使い道や好みによって同じ本でも、私には「いい本」になり、あなたには「つまらない本」にもなりますし、私には「知っている内容が書かれた読む価値の低い本」にもなり、あなたには「読み通すのがしんどい難易度の高い本」にもなります。読む前に「いい本かどうか」と悩むのは、「フォークとナイフどちらが便利？」「カレーと餃子どっちがおいしい？」と比較するようなものです。

特に「自分は本を読むのが苦手」「読書が習慣になっていない」という人の場合、まだ選書するだけの選択眼が育まれていません。

ですから、本を読む前に「この本はいい本かどうか」を考えてもあまり意味がありません。ワインを飲み慣れていない人がワイン売り場から自分にピッタリの味わいの1本を探すようなものです。

繰り返しになりますが、大切なのは**1冊の本から、あなたにとって役立つ知識や情報を選ぶこと**です。

良い本かどうか考えるのは時間のムダ

いい本は教科書として読み、ダメな本は問題集として使う

ちなみに、私はインプット用とアウトプット用に本を分けています。

読むべき本は状況や使い方によって変わるので、いわゆる「ダメ本」も読みます。

繰り返しになりますが、**いい本かどうかを考えて本を選ぶというのは、私にとって意味がありません**。

インプット用は、古典、名著と言われるタイプのしっかり頭に入れておくべき知識が詰まった「いい本」です。これらは、エビデンスに支えられた結論があって、長く読み継がれた本なので、インプットにしかなりません。「文句」のつけようがないからです。**ところがダメな本というのは、文句のつけようがあるので、アウトプットに使える**のです。

これは、どういうことか。

「ダメな本」は、内容としてはいまいちピンとこない部分もあるものの、取り上げら

れているテーマやデータについて「実際にはどうなのだろう？」と疑問を持つきっかけになり、**「もし、この本を自分がおもしろく書き直すならどうするか？」**といったことを考える材料にもなり、科学的根拠を調べる動機となります。

一例を挙げると、健康書で「極論」を述べる著者には、しばしば情報をフェアに見る能力が欠けている傾向があります。いわゆるポジショントークであり、自分にとって都合のいい情報しか選んでいないので、読んでいると**「この本を実践しても効果は出ないのでは？」**という疑問が浮かびます。

そこで、その疑問を訂正するような内容を今までの知識や経験から思い出すことでアウトプットにつながるというわけです。

私にとって**ダメな本とは「問題集」のようなものです。**

ちなみに実用書の場合、私は「エビデン

「ダメ本」は、アウトプットにつながりやすい

ス（科学的根拠）」を本に求めているので、その本に信憑性があるかどうかに着目しています。

著者の略歴、たとえば、これまでどういう研究をしてきたのか、どこの大学で教えているのか、過去にどんな本を出しているのか……などを調べます。

そのほか、最近読んでよかった本に載っている「出典」や「謝辞」に書かれている人物（著者の同僚など）に当たると良い本であるケースが多いです。

私はこのような読み方をしていった結果、**読書量が増えれば増えるほど、インプット用に分類する本は減っていき、現在の比率は1対9に**

「選書」よりも大切なこと

▼

△いい本ばかり求めて読む

◎ダメな本も読んで、
アイデアやアウトプットの
ヒントを得る

なっています。ほとんどの本がアウトプット用になっているわけですが、それで本を読むモチベーションが途切れることはありません。

なぜなら、どちらの分類の本も私にとって読む目的があり、その範囲においてはどんな「駄作」であっても無駄な読書にならないからです。

良い本かどうかを考えるよりも「自分がほしい知識」を考えたほうが読書の成果は劇的に上がります。

結局、読書の効果は、使い道次第です。**インプットのことばかり考えていると、アウトプットがおろそかになります。**

ポイント

「いい本ばかり読めばいい」という考えは幻想。
大切なのは、どんな本でもアウトプットにつなげる姿勢。

DaiGo流
知識を操る
読書術とは

ここまで読書にまつわる3つの誤解と真実をお話しししました。

本を読んでいるのに役に立たないと感じるのは、「内容を適切に理解できていない」のと「読み終わった後に内容が残っていないので、実践できていない」という2つの問題を放置しているからです。

ベストセラーになっている評判のビジネス書を読んでみたけど、共感できなかった。

上司が「わかりやすいよ」と教えてくれた実用書を読んでみたけど、仕事に役立てることができずにいる。

こうした状態から脱するためには、**「本を読む前の準備を整えること」と「本を役立てるための読み方を知ること」が必要です。**

そこで第2章以降では、下の「サイクル」を踏まえて、本の読み方を解説していきます。

それぞれのアクションを実践していくために必要なテクニックや考え方を深掘りするという構成になっています。それ

知識を操る読書のサイクル

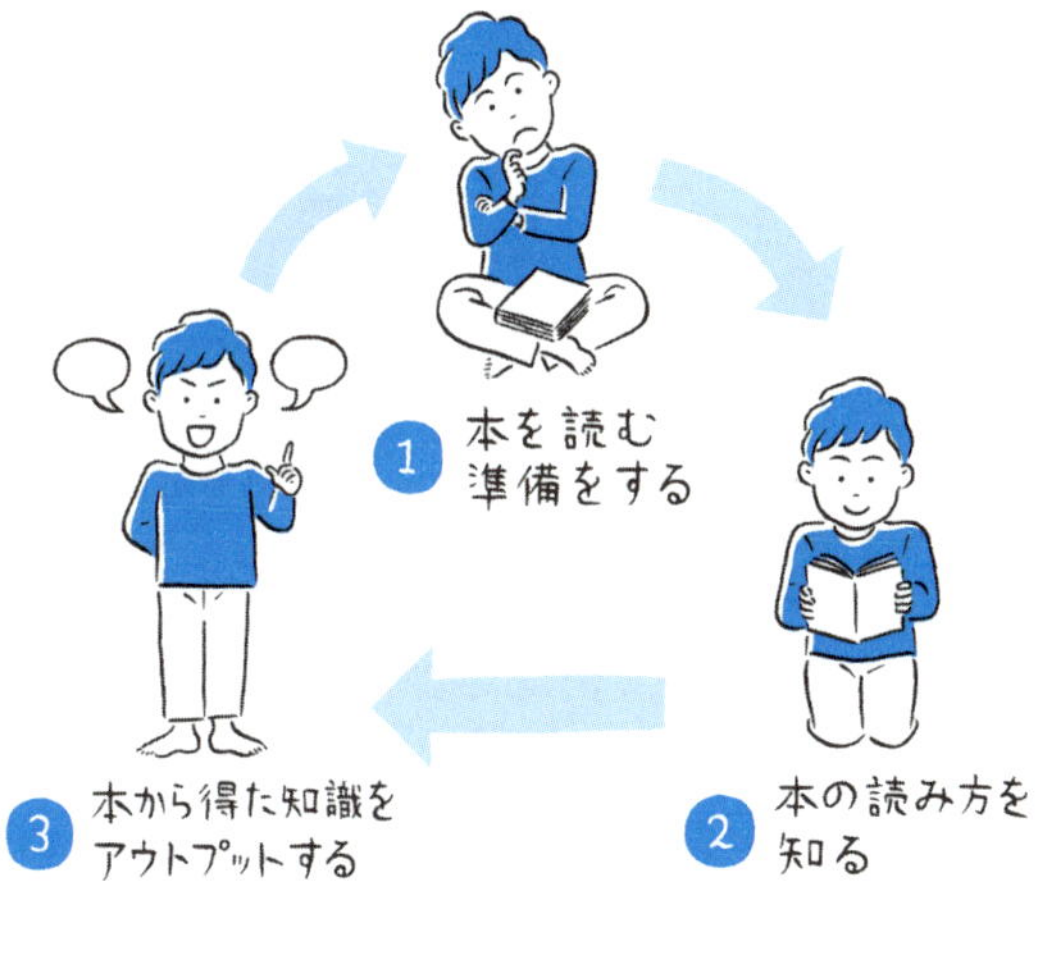

それ概要を説明しましょう。

■アクション1　本を読む準備をする

「本に線を引き、ドッグイヤーをいくつも作り、ここが大事だと読み込んだものの、しばらくすると線を引いた箇所についても記憶から抜けてしまう」。こんなふうに「読んだつもり」の状態になってしまうのは、「読む前の準備」が整わず、本への目的が明確に定まらないまま読んでいるからです。

読書で、何よりも大切なのは、**本から得たい知識を決めること**です。それをできるだけ明確にしていきましょう。

第2章では、科学的に効果が立証された興味のかき立て方を紹介していきます。モチベーションや集中力が落ちてきても、そもそもの目的を思い出せば回復します。

■アクション2　本の読み方を知る

学校教育を受けたことで、誰もがそれなりに本を読むことができます。ただ、それが役立つ読書になっているかどうかはわかりません。教師は、字の読み方、文章の読み方は教えてくれても、役立つ読書の方法は教えてくれないからです。

結果、読んだ本について質問をされても「どこかに書いてあったんだけどね」「忘れちゃった」と答えてしまう。それが大多数の人によくある状況です。だからこそ、「本の読み方を知る」ことが重要になってきます。

ここで言う「本を読む」とは、**読んで得た知識を使うことを前提とした読み方、本を実生活に役立てるための読み方です。**知識を使うためには当然、理解して頭に入っていなければなりません。第3章では、本をより良く読むために最先端の研究が明らかにした具体的なテクニックと考え方を紹介していきます。

■アクション3　本から得た知識をアウトプットする

私たちの脳は情報をアウトプットしようとしたとき、記憶力が高まるようにできています。ですから、読書で得た知識をどう使うか、その場面をリアルに想定しながら、アウトプットの仕方を考えていくことには大きな意味があります。

本で得た知識をかみ砕いて、「この言い方ならわかってくれるかな」「納得してもらうには、どんな説明の仕方がいいだろう」と、試行錯誤することで本の内容がしっかりとあなたの中に定着していくのです。

3つのアクションの中で、最も重要なのは「1．本を読む準備をする」です。

手にとった本を役立て、人生を豊かなものにできるかどうかは1つ目の「本を読む準備をする」を実行できるかどうかにかかっています。

読む準備に時間をかけることで、本を読む速度が加速し、効率的になります。

読んだ後の実践に手間をかけることで、本の内容が長く確実に頭に残ります。

「読む準備」さえ整えば、読書の7割は成功と言っても過言ではありません。

このサイクルを意識することで、あなたの読書に対する印象は大きく変わっていくはずです。続く第2章で「本を読む準備をする」について深く掘り下げていきましょう。

コラム

読んでも忘れない記憶術

私たちの脳は、どうして覚えたことを忘れるようにできているのでしょうか。

それは**脳が、生存に関わる重要な情報を優先して記憶するように進化してきたからです。**

街ですれ違った人たちの顔、スマホで眺めたいくつものニュースなど、私たちの生命の危機とは関係しない情報はすぐに忘れていきます。これは生きるために必要な機能なのです。

とはいえ、忘れたくないのに、忘れてしまうこと、忘れてはいけないのに、忘れてしまうこともあります。自分の意志で、記憶に留めておきたい事柄を選べるようになったら、こんなに便利なことはありません。

そんな願いを叶える方法があります。**それは記憶の仕組みを知り、効率の良い「復**

習」の仕方を実践すること。学生時代の試験勉強のように無理に暗記するのではなく、思い出すための仕組みを作ることです。

覚えているうちに復習しても効果は薄い

まず、人間の記憶には短期記憶と長期記憶の2つの段階があります。たとえば、本を読み、覚えたと思ってもすぐに忘れてしまうのは、記憶が長期記憶になっていないからです。短期記憶に記憶しても、新しい情報が入ってくるとすぐに忘れてしまいます。

では、どうすれば長期記憶に残りやすくなるのでしょうか。その仕組みについては世界中の脳科学者や心理学者が研究を進め、記憶の流出を防ぐ復習のタイミングに関しては答えが出ています。

ベストな復習のタイミングは「忘れた頃に復習すること」です。要するに「あれ、何だっけ？」「ここまで出かかっているんだけど……」という瞬間がベストなタイミング。長らく「忘れないうちに復習するといい」とされてきましたが、これは間違いでした。

忘れないうちの復習は、短期記憶を何回も何回も繰り返しているだけ。そのときはしっかり覚えたように感じても、長期記憶への定着は進んでいないので、すぐに忘れてしまいます。

一方、忘れかけたときに復習すると、先述した「生存に関わる重要な情報を優先して記憶する」という脳の性質が働きます。そのときに生まれる、口惜しい、もどかしいという「強い感情」が記憶のキーになります。**「わざわざ思い出そうとしている=重要な情報に違いない」**と長期記憶に定着しやすくなる、というわけです。私の場合、5分間は粘ります。

つまり、**タイミングよく復習をし、思い出す作**

効果的な記憶術とは

▼

△いかに「覚えていること」を確認するか

◎いかに「忘れていること」を思い出すか

業＝「想起」を行うことが脳と感情への刺激となり、記憶の定着につながるのです

（記憶と感情の関係は、151ページでも触れています）。

記憶は「思い出す」たびに強化される

こうした記憶の仕組みを利用し、読んだ本の内容を覚えていくために役立つ方法として私も実践しているのが、「ミニテスト」です。

手順は簡単。

1 覚えたい内容の書かれたページを読んだら、いったん本を閉じます。

2 今、読んだページにどんな内容が書かれていたかを「想起」します。

思い出すことで、短期記憶から長期記憶に移す

読んだばかりのページなら簡単に思い出せそう……と思うかもしれません。しかし、実際にやってみるとわかりますが、私たちの記憶力は曖昧で1、2分前に読んだページの内容もすぐにおぼろげなものになってしまいます。

最初は記憶に残したい1ページごとに「ミニテスト」を行い、慣れてきたら「1つの大見出しごと」「1章ごと」などで区切り、本を閉じましょう。そして、「著者が一番言いたかったことは何だろう」「ここで一番おもしろい概念は何だっただろう」と、自分の頭の中でまとめていきます。

ペンも紙もいらず、見ないで思い出す「想起」を挟むだけ。これで長期記憶に定着する確率は50～70％上がることがわかっています。

一夜漬けは、長期記憶に残りにくい

さらに、読んだ本の内容を鮮明に記憶し、活用していくために役立つ復習法が、

「分散学習」です。

これは復習の間隔を少しずつ延ばしていくテクニック。間隔を空けながらミニテストを繰り返すイメージです。一度、長期記憶に定着させた情報を思い出すことで、自分が持っている他の記憶と結びつき、さらに深く覚えることができます。

一定の時間を空けて想起し直すことは脳に効果的な刺激を与え、記憶の定着率をさらに高めてくれるのです。

分散学習で気になるのが「どのくらい間隔を空けて復習するのがベストなのか？」。この間隔についてピョートル・ウォズニアックという研究者が、英語の学習時のデータをもとに最適な復習のタイミングをまとめています。

1回目の復習は1～2日後に行う
2回目の復習は7日後に行う
3回目の復習は16日後に行う
4回目の復習は35日後に行う
5回目の復習は62日後に行う

このスケジュールは人間の記憶が薄れていく時間の平均値をベースに組み立てられたもので、前述した「忘れた頃に復習」できるよう調整されています。

ただ、ここまで細かくスケジュールを合わせていくのは難しいので、私は読書に関しての復習はタイミングを3つに分けて実行しています。

1 **1回目の復習は1日後に行う**
2 **2回目の復習は1週間後に行う**
3 **3回目の復習は1カ月後に行う**

この間隔で復習＝本を読み直すことで、内容への理解度を深め、重要なポイントをしっかりと記憶できるようになります。

読みながら覚えるのではなく、いったん本を閉じて内容を思い出す。

ぜひ今日から試してみてください。

第2章

読書の質を高める3つの準備

読書で結果を出せないのは、脳と感情の操り方を知らないからだ

第1章では、読書の準備として**自分の「目的」や「動機」からほしい知識を具体的に決めることが、読書術で何よりも大切だ**と述べました。

しかし、「まだ読んでもいない本に対して明確な目的を持つのは難しいのではないか?」と疑問に思う人もいるのではないでしょうか。

その疑問はもっともです。まだ読んでいない本とどう向き合うかのテクニックを知らなければ、読む前の準備はうまくいきません。

読書の質を高める3つの準備

▼

メンタルマップ　キュリオシティ・ギャップ　セルフテスト

そこで本章では、「読む前の準備」として有効な3つのテクニックを紹介します。

自分は本を読むモチベーションが途切れ気味だなという人は**「メンタルマップ」**を、読んだけどいまいち頭に残らないという人は**「キュリオシティ・ギャップ」**を、どの本を読んでも途中でいつも挫折してしまうという人は**「セルフテスト」**を試してみてください。もちろん、3つすべてを実践すれば、確実にあなたの読書力は向上します。

これから1ページ目を開く本とどう向き合えばいいのか。読む前の準備を整えることで、あなたの本の読み方は確実にレベルアップしていくことでしょう。

準備1

メンタルマップ

モチベーションと
集中力を維持する
魔法のメモ術

本を読む前の準備として、最もシンプルで効果的な方法が「メンタルマップ」を作ることです。メンタルマップとは、**自分の人生の目標や行動を箇条書きにして視覚化したもの**。その効果は文字通り、読書中に迷子にならないよう**「地図（マップ）」**を示してくれることです。

人間は行動を起こすとき、何らかのやるべき理由と自分へのメリットを感じています。ところが、日常生活を送る間に、「なぜ、自分がその行動を始めたのか」を見失ってしまう傾向があります。

結果、今、取り組んでいることに意義が見出せなくなり、行動に迷いが生じ、挫折してしまうのです。

こうした人の心の動きに着目し、挫折を避ける方法としてハーバード大学の心理学者であるショーン・エイカーが提唱しているのが、メンタルマップです。

何か行動を起こすとき、その理由、もたらされるメリット、期待していることなどを3つ箇条書きでメモに書き出します。そして、何らかの迷いが生じたとき、そのメモを見直します。すると、脳が自分の行動の意義を再認識し、やる気を取り戻すことができるという仕組みです。

私はこれを読書に応用して活用しています。

その狙いは、興味を持続させ、途切れた集中力を復活させることにあります。

読書が苦手な人、買った本が積ん読状態になってしまう人の話を聞くと、「読み始めたものの、10ページ前後で本を閉じてしまう」「別の本が気になって、そちらを読み始め、結局、読み切れないまま閉じてしまう」といった経験談をよく耳にします。

その原因となっているのが、**その本に対する意欲を失ってしまうこと**。それが、「集中力が途切れる＝読み通せない」という結果につながってしまうのです。

もちろん、読み手の興味を持続させられない書き手の問題もありますが、読み始めては途中でやめてしまう経験を繰り返すと、どうしてもその本に対する興味が薄れ、読書への苦手意識が膨らんでいきます。

また、苦手意識を持ったまま、本を読まなければならない状況に追い込まれると、なんとかしようと科学的根拠のない速読術にすがってしまうような事態になります。楽をして読めるようになろうと速読術に飛びついても、結果はうまくいきません。

そして、読めないからますます読書が苦手になり、本を手に取らなくなる……という悪循環が生じてしまうのです。

そんなあなたに足りないのは、**1冊を読み通す力**。そのためには本への興味を持続させ、途切れがちな集中力を復活させることです。

3行のメモで、やる気は復活する

さっそく本を読む前の準備として、メンタルマップを活用していきましょう。書き方は、シンプルです。最初に、

「なぜ、この本を読もうと思ったのか？」
「この本から何を得たいのか？」
「読んだ後、どういう状態になりたいと願っているのか？」

など、**本と向き合う前に抱えていた問題、持っていた関心、興味を自分への質問として、思い起こします。**

続いて、その質問に対して3つの答えを書き出していきましょう。

たとえば……。

■ **なぜ、この本を読もうと思ったのか？**

・再来月のクリスマスまでに彼女が欲しい

・1カ月に体重を1キロずつ落としたい

■ **この本から何を得たいか？**

・異動先の若手と良好な関係を築くためのノウハウが知りたい

・「人生初の一人旅」に出るための行先候補と準備が知りたい

■ **読んだ後、どういう状態になりたいと願っているのか？**

・将来のお金の不安や迷いを解消して、仕事に打ち込みたい

・「ストレスをコントロールする方法」を学び、しんどい状況を改善させたい

このように書き出したメモは、**本の間に挟むないしは、スマホのメモ機能に登録して、読書の間、身近に置いておきます。**本の栞《しおり》や表紙の見返しの部分に書き出すのもいいでしょう。そして、読んでいてよくわからないところに出くわしたとき、集中力

が途切れたと感じたとき、読むのが面倒になってきたときにメモを見返します。するると、原点を思い出せます。

「なぜ、この本を読もうと思ったのか?」
「この本から何を得たいのか?」
「読んだ後、どういう状態になりたいと願っているのか?」

そうか。自分は「これ」が欲しいからこの本を手に取ったのだ、と。

その結果、**本への興味を取り戻すことができ、自分にとっておもしろい内容が書かれているはずだという期待も高まり、集中力が戻ってくるのです。**

メンタルマップで1冊を余裕で読み通せるようになる

人生の目的を目次から導き出す

とはいえ、実際にメンタルマップを作ってみると、書き出す3つの項目を本の内容と関連させるのが難しいケースがあることに気づきます。

たとえば、ダイエットを成功させたくてダイエット本を読む場合、メンタルマップを作るのは簡単です。それは目的と本に書かれている内容はほぼ一致しているからです。本には、痩せるための食事の仕方、運動の方法、生活習慣の改善などが書かれていて、メンタルマップにも「夏までに◯キロ落としたい」「将来の健康のため」「自分を変えたい」など明確な目的を記すことができます。

しかし、より難易度の高い専門書、「モチベーションを高める」や「アイデアの出し方」など目指す成果が曖昧なジャンルの実用書の場合、メンタルマップに書くべき3つの目的もぼんやりしてしまうことがあります。

ぼんやりしたメンタルマップでは、本の内容と食い違いが生じ、読書への意欲を取り戻すことが難しくなってしまいます。

そこで、**より確実に効果を発揮するメンタルマップを作るため、本の「目次」をチェックしていきます**。

たとえば、自分の仕事に活かせる心理学を学びたいと思い、古典である『影響力の武器［第三版］なぜ、人は動かされるのか』を手にしたとしましょう。ページ数は400ページを超え、本文もぎっしりと詰まっています。最初のページから順に熟読していくには手強い相手です。

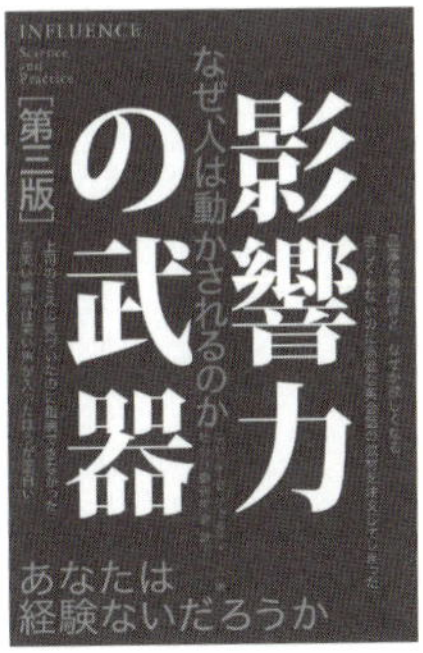

そこで目次から、興味を引く「章タイトル」や「見出し」を探し出します。

仮に次の3つの「章タイトル」が気になったとしましょう。

「第2章　返報性―昔からある『ギブ・アンド・テイク』だが」が気になった理由…

…なんとなく聞いたことがあるので、この章は読みやすいかもしれない。
「第7章 希少性—わずかなものについての法則」が気になった理由……将来的に自分も希少価値のある人材になりたい。
「第8章 手っとり早い影響力—自動化された時代の原始的な承諾」が気になった理由……心理学の法則を知って、周囲に影響力を発揮したい。

次にこの3つを見ながら、**「なぜ、この本を読もうと思ったのか?」「この本から何を得たいのか?」「読んだ後、どういう状態になりたいと願っているのか?」という質問を自分にぶつけます。**

その質問について考える過程で、次のようなメンタルマップができるはずです。

1. 心理学を学んで、営業成績を上げたい
2. 返報性や希少性を学び、日常では接する機会のない人たちとの人脈を広げたい
3. 職場の同期たちの心理を読み取り、人間関係で優位に立ちたい

分厚くて難解な本もスラスラ読める

自分の欲求に素直なメンタルマップができあがると、それは読み進めるのが苦しくなったとき、読む意欲を取り戻す助けとなってくれます。

この本を読むと、**「こんなメリットがある」「こんな学びが期待できる」「こんなふうに自分を変えていくことができるかも」**と、集中力が途切れるたびに本を読む意義と自分が興味を持った理由をメンタルマップで再確認することができるのです。

「目次」以外にも、アマゾンのレビューや自分に合った書評家のコメントも、メンタルマップを書き出す際の参考になるでしょう。

ちなみに、**私は単語帳などに使う大きめのインデックスカード（読む本の半分以上の大きさ）でメンタルマップを作り、読んでいる本に挟んでいます**。

その表に、本から自分が学びたいと思うこと、そのジャンルについて興味を持っていることなどを3つに絞り、書き込みます。

その後、裏面にこの本を読むことが自分にとってなぜ重要なのか、その理由を箇条書きで思いつくまま、書き出します。

つまり、**「3つの目的＋読む理由の羅列」**が並んだメンタルマップを栞として使っているわけです。

そして、本を閉じるとき、再び開くとき、必ずインデックスカードの表と裏を読みます。すると、読み進めるのがしんどい専門書でも、挫折せずに必要な部分を読み終えることができます。

脳は、意味のある文章に惹かれる

旅行先や仕事先で目的地を探すとき、私たちは地図を広げます。

今ならスマホで地図アプリを立ち上げ、目的地の住所や名称を入力。表示されたルートに従って歩けば、迷うことなく目的地にたどり着きます。

読書中に、

「わからないフレーズが多いな」

「この本、おもしろい？　難しくてしんどいな……」
「読んだ後、本当に役立つのかな？」
と。そんなふうに本を読みながら脳が迷子になり始めたタイミングで、メンタルマップを確認すると**私たちは通るべきルート（興味と集中力）や目的地（本を読む動機）を思い出すことができる**のです。

ですから、読み進めるのが難しい本、勉強のために読んでいる本のときほど、メンタルマップは効果を発揮します。逆に読みやすい本、自分の興味にぴったり一致している本の場合、作ったメンタルマップを見返すことなく読み終わることもあるでしょう。それはルートと目的地を見失うことなく、進められるからです。

メンタルマップがなぜ効果を発揮するのかは、脳の働きからも説明できます。

たとえば、あなたもこんな経験をしたことはないでしょうか？

- パートナーの妊娠がわかったら、急に電車の中で子ども連れの人たちを見かける回数が増えた。
- 青いクルマに乗るようになったら、街中で青いクルマを見かけることが増えた気がする。

・ある企業の株を購入したら、その会社のニュースや広告がどんどん目に入るようになった。

実際には、その人が子ども連れや青いクルマ、特定の会社のニュースや広告を目にしている回数は増えていません。ただ、自分と子ども、青いクルマ、会社との関係が深くなったことで意識する回数が増えているのです。

これは**心理学で「カラーバス効果」と呼ばれる現象**で、脳は1つのことを意識すると、無意識のうちにそれに関する情報を集め、認識するようになります。メンタルマップは、脳に何度も「この本から自分が得たい情報は何か？」と伝えることで効果を発揮するのです。

ポイント

「メンタルマップ」を書けば、モチベーションが高いまま迷うことなく読み進められる。

準備2

キュリオシティ・ギャップ

脳を面白がらせて
知識の差を
埋めていく

2つ目の「キュリオシティ・ギャップ」は、本の内容を記憶に残す準備です。

キュリオシティとは、好奇心のこと。好奇心のギャップ、つまり**「自分があらかじめ持っている知識」と「本の中に書かれた自分が知らない知識」の差を意識することが好奇心を刺激し、内容が記憶に残りやすくなります。**

これは知識のギャップに気づくと、反射的にその空白を埋めたくなる人間の心理を巧みに取り込んだ手法です。

好奇心を刺激すれば記憶力は高まる

私たちは興味のあること、関心のあることに触れると好奇心がかき立てられます。すると、脳の中の**「報酬系」**と呼ばれるエリアが活性化。報酬系は私たちのモチベーションと深く関係していて、このエリアの働きが活発になるほど、あなたのやる気もアップします。

しかも、報酬系は記憶力を司る海馬《かいば》という部位に隣接。脳の各部位は近いエリアが活性化すると、その影響を受けやすい性質があります。つまり、**好奇心によって報酬系が活性化すると、海馬も活発に動き出し、記憶力もアップするのです。**

事前に脳のこうした性質を理解し、味方にしながら本を読むのが、キュリオシティ・ギャップです。

この手法を提唱しているのは、スタンフォード大学ビジネススクール教授のチップ・ハース。根拠となっているのは、２０１４年にカリフォルニア大学で行われた実験です。

研究チームは、被験者となった学生に100問のトリビアクイズを出題。トリビアの内容はビートルズのバイオグラフィーから恐竜の生態、世界で最も長い駅名まで多種多様なジャンルにわたります。

トリビアクイズに答えている間、被験者はfMRIという脳の働きをチェックする機器を装着。すると、次のような傾向が出ました。

- **質問とその答えを聞いて脳の好奇心を司るエリアが活性化した被験者は、71%の確率でトリビアの答えを記憶していた。一方、活性化しなかった被験者は54%の記憶率に留まった。**
- **好奇心エリアが活性化しているとき、同時に海馬も活性化する傾向が見られた。**

好奇心を刺激すれば、記憶力も向上する

■ **これらの結果から、ある文章を記憶に残すには、好奇心によるドーパミンの分泌が大きな影響を与えていると考えられる。**

また、実験ではトリビアクイズの合間に「初めて見る人物の顔写真」を挿入するテストも行われました。すると、自分の興味のある分野のトリビアクイズで脳の好奇心を司るエリアが活性化した状態のときに写真を見た被験者は、そうではない被験者に比べて2倍良い成績を残しました。

研究チームは、こう指摘しています。

「好奇心を強くくすぐられたとき、脳内ではモチベーションと記憶に関する部位が活性を高め、興味対象のみならず、その状態のうちに提示された情報に関しては、たとえ興味がないものであっても記憶に定着させようとする」

つまり、**好奇心を刺激された状態のとき、私たちの脳は記憶力を高める**のです。

左右に書き出して、脳のスイッチを入れる

では、実際の本を読む準備にあたって「キュリオシティ・ギャップ」をどう実践すればいいのでしょうか。

やり方は、簡単。ノートを用意して、これから読もうとしている本のジャンル、テーマを確認します。たとえば、「投資」に関する本を読む前であれば、ノートの見開き左ページに「投資」に関する自分がすでに知っている知識を書き出していきましょう。

■**左ページ**（すでに知っていること）

・個別銘柄での株式投資について（実際に行っている）
・ドルコスト平均法（長期投資が有利という話は聞いたことがある）
・投資信託を選ぶときは手数料が安いものを探すこと
・FXや外貨預金に個人で手を出すのはリスクのほうが大きい
・金融機関のオススメ商品を買っても、パフォーマンスが向上するとは限らない

続いて、本の目次をスキミングしながら、右ページに興味、関心が刺激された見出しを書き出していきます。

■ **右ページ**（興味が湧いた知らないこと）
・インデックスファンドとは？
・NISAとiDeCoのメリットは？
・一時的な価格変動をどうストレスなく受け止めるか
・国債を買うべきタイミングは？
・子どもの学費を今後20年間貯めるのに最適な投資商品は？

自分の知識の延長線上にある新たな情報は、好奇心を刺激します。その状態で本を読み始めることで、理解度と記憶力が高まり、内容が頭に残るのです。

また、「自分が持っている知識」と「本の中に書かれた自分が知らない知識」の差を意識することは、**読まなくてもいい箇所を把握するのにも役立ちます**。ここまでは自分の持っている知識と重なっているから飛ばし読みで大丈夫。この章は自分の知らない知識が書かれていて、なおかつ興味があるからしっかり読もう。その結果、**読書スピードが上がり、効率的に知識を吸収できるようにもなります。**

著者の性格を想像して読む

続いて「キュリオシティ・ギャップ」を実践するもう1つの方法も紹介します。こちらは、著者の情報を集めるというアプローチです。

まず、これから読む本の**「巻末」**を見ます。そこに掲載されている著者の略歴や写真などをチェックしましょう。目的は、好奇心をより効果的に刺激するためです。

あなたは、本で読んだ内容と人との会話では、どちらを印象深く覚えていますか？

ほとんどの人はこの質問に「対面での会話内容を覚えている」と答えるでしょう。

久しぶりに会った友人と「この前、食事をしたとき、何の話をしたか」「最初は何の話題から会話が始まったか」を思い出すのは、さほど難しいことではありません。

私たちは読書内容よりも、会話内容を鮮明に覚えていられるのです。

なぜかと言うと、**そこには感情が乗っているから**。感情が記憶の鍵になることは、コラム「読んでも忘れない記憶術」でも触れました。

愉快だった、楽しかった、おもしろかった、大笑いした、興味深かった、ムッとした、イライラした、悲しくなった、自分の考えとは違うな、など、**会話によって動いた感情と結びついた情報や出来事は記憶に定着します**。

こうした感情の働きを読書に利用するため、最初に巻末の著者略歴（プロフィール）と写真があればそれを見ましょう。そして、著者のキャラクターを知り、著者との「対話」として読書を楽しむのです。

話していておもしろかったとき、人はそれを相手に伝えます。

話していてイラッときたときは、文句を言います。

相手の言っていることが間違っていると思ったときは、「自分は違う考えだ」と伝えます。読書でも同じことをしましょう。**読書とは、著者との「対話」**なのです。

そこで、**略歴と写真から著者のキャラクターを細かく推測します。**キャラクターを想像するのです。**クイズのような感覚でかまいません。**

目の前に著者をイメージして、背が高いのか、低いのか。話すときは猫背になるのか。笑い方はどんな感じか。寡黙なのかよく喋《しゃべ》るのか。自分の友人に似ている人はいるのか。

どんな人で、どんな時代を生きていて、この著作が著者にとって何冊目の本で、どんなことを書いているかを確認します。本は著者の人生において必然性があるから書いていきます。言いたいことがあるから書いているわけです。

書き手のパーソナリティを推測すれば、内容が頭に残りやすくなる

ですから、著者がどんな必要性からその本を書いたのかを考えながら読むと、何が最も伝えたいテーマかも鮮明になります。

その後、目次を眺めながら、**「実際にこの人に会えたらどんな話をしたいか」をイメージしましょう。**自分ならどんな質問をするかな……と考えると、想像がより具体的になっていきます。

目の前に椅子を置いて読書するのもいいでしょう。

著者が目の前に座っていると考えて読書するのです。すると集中力も高まります。目の前に相手がいるのに、スマホをいじるわけにはいきません。対話に集中することで、記憶の定着度が上がっていくのです。

ポイント

「キュリオシティ・ギャップ」は、記憶しやすい脳のコンディションをつくる心の準備。

準備3

セルフテスト

挫折の原因を知り、
無敗の読書力を
手に入れる

3つ目の本を読むための準備は、**自分の現在地を知る「セルフテスト」**です。
これはメルボルン大学の研究チームが定期的に過去の「読書術」に関連する論文を調査し、**学生に向けてテキストの理解力を高める方法**として伝えているもの。
興味深いのは、なぜ読み進めることができなかったのか、挫折の原因についても言及している点です。本を読む前にセルフテストを行うと、自分がどういうところで日ごろ読書に躓《つまず》いているかをチェックすることができます。

何がわかっていないから、本を読み進めることができなくなるのか？
何が問題で、読書に対して苦手意識を持ってしまっているのか？

本を読む前に5分間のセルフテストを行い、本がうまく読めない理由を確認。その対策を知ることで、**読書への苦手意識を払拭していくことができます。**

また、セルフテストを行うことは躓いたときの準備にもなります。

仮に「途中で読むのをまたやめてしまった」という事態になっても、「ああ、やっぱり自分は基本的なボキャブラリーが不足しているんだな……**それなら読み進めるために必要な言葉を増やす努力をしてみよう**」「初めて読むジャンルなのに、難易度の高い本をチョイスしてしまったんだな。**それなら入門書から始めてみよう**」と事前に躓きがちなポイントを把握しているので挫折感が小さく、立ち直りが早くなるのです。

では、メルボルン大学の「セルフテスト」で使われている10のチェック項目を紹介します。当てはまる番号をチェックして、あなたの読書力の現在地を探っていきましょう。それぞれの躓きに対してメルボルン大学が推奨している「対策」についても、後ほど解説していきます。

1 十分な時間とモチベーションが足りない
2 集中力の維持ができない
3 読むスピードがなかなか速くならない
4 ボキャブラリー不足
5 本のどの部分に集中すべきか選べない
6 新しい理論、細かい情報を理解できない
7 メインのポイントと議論のポイントがつかめない
8 エビデンスの価値が測れない
9 本の内容を理解するための背景知識や経験がない
10 馴染みのない分野である

あなたが「当てはまる」と思った項目はいくつありましたか？
多くの場合、複数の原因が重なり合って、本がうまく読めない状態を作り出してい

ます。すべての原因がすぐに取り除けるわけではありませんが、それぞれにきちんと対策を取ることは可能です。そして、その対策を実行に移すうち、躓きの原因となっている状況は改善されていきます。

ストレスゼロの読書を実現する10の対策とは

では、メルボルン大学の研究チームが推奨する「対策」を見ていきましょう。

いくつかは読めば当たり前のようにも思えるかもしれませんが、**それを実践しているか、していないかで、結果に大きな差が生まれます。**

1 「十分な時間とモチベーションが足りない」の対策

モチベーションに関しては、前述した読む目的を明確にする「メンタルマップ」が強力な対策となります。

「十分な時間」については、多くの人が長く見積もりすぎています。特に読書に苦手意識のある人ほど、「本を読むのは大変なこと」だと認識しているため、この傾向は強くなります。事前に2時間、3時間を確保し、それを読書の時間と割り当てるやり方は、忙しい社会人にとって現実的ではありません。**移動中の15分、仕事の休憩中の30分など、スキマ時間に「とりあえず読んでみる」というスタンスで読書を始めてみましょう。**

2 「集中力の維持ができない」の対策

この問題にも「メンタルマップ」が役立ちますが、別のアプローチとして集中しやすい仕組みを作っておくこともオススメです。

「この10分だけは集中する」とタイマーをかけ、読み始める。タイマーが鳴ったら1、2分瞑想や休憩をし、また10分集中する。このように自分なりに集中しやすいサイクルを作ることで、気が散って本が読めないという状態を回避できます。

集中力に関しては、ワーキングメモリのトレーニングや瞑想も有効です。詳しくは115ページのコラムや私の前著『自分を操る超集中力』を参考にしてくだ

さい。

3 「読むスピードがなかなか速くならない」の対策

第1章で述べたように、ただ速く読むことには何の意味もありません。

速く読めることにメリットがあるとすれば、それは読むべき本を素早く見極められることで、あなたにとっていい本との出会いの確率が高くなることくらい。私が1日に10冊、20冊の本を読んでいるのも、よりいい本に出会いたいからです。

とはいえ、速読に磨きをかけずとも、好きな著者を追いかける、その著者が勧めている別のジャンルの本を読む、評判のいいブックレビューアーを信頼してみるといった方法で、効率的にいい本との出会いの確率を上げることができます。

4 「ボキャブラリー不足」の対策

専門書を読むときなど、専門用語や業界用語、外来語といった初見の言葉が多いと読み進めるのが難しくなります。

そんなときは、初めて見た単語、難しいと感じた用語を単語帳に書き出しましょう。

詳しい手法は第3章で解説しますが、試験勉強のように単語帳を見て暗記する必要はありません。大切なのは、単語を書き出すとき、**読めなかった口惜しさ、理解できなかったもどかしさといった「感情」を利用すること**。その感情をフックにして、69ページのコラム「読んでも忘れない記憶術」で示したようなタイミングで、内容を思い出すミニテストを行います。するとボキャブラリーが増えていき、再度、その本と向き合うことができるようになります。

5「本のどの部分に集中すべきか選べない」の対策

たとえば、あなたはレストランでコース料理を食べるとき、どの1品に期待しますか？　食の好みによって答えは違えど、「これが楽しみ」という料理はすぐに見つかるはずです。

あるいは、初めてのパリ旅行で、ガイドブックの中から「絶対にここに行きたい」というスポットを見つけ出すこともできるでしょう。

ところが、実用書、専門書、ビジネス書などの読書においては「迷子」になる人が少なくありません。それは内容が充実していればいるほど選択肢が多いからです。

ここもあそこも重要そうだと思いながら「熟読しなければ……」と読み進めるうち、読書がストレスになっていきます。

対策としては、最初から最後まで読まなければいけないという思い込みを捨てること。そして、第1章で述べた「スキミング」を駆使して、目次の中から優先順位の高いと感じた1つの章だけを読むことです。特に内容が充実した本の場合、気が向いた数ページを読むだけでも多くのものが得られます。

分厚い専門書などは、興味のあるところをちょこちょこつまみ食いしていくように眺めていきましょう。生真面目に「1日10ページ読む！」と決めてしまうと、それがストレスとなってしまいます。

6「新しい理論、細かい情報を理解できない」の対策

たとえば、あなたが仮想通貨やブロックチェーンを扱った書籍を手にしたとしましょう。そこにはインターネット以前の常識では理解しがたい理論、情報が詰まっているかもしれません。そんなとき大切なのは、1つひとつを細かく完璧に理解しようとしないことです。

詳しくは第3章で紹介する読み方のテクニック「つなげ読み」で解説しますが、どんな新理論、新情報にも前提となっている理論、情報があります。そこには、あなたの持っている知識に関連した事柄もいくつかあるはずです。

まずは自分が理解できるところ、自分の持っている知識との共通点を見つけていきましょう。すると、まったく新しいもののように感じられた新理論も6、7割は既存の理論と関連していることがわかってきます。

「理解できない」と投げ出さずに、共通点を足がかりに「ここまではなんとなくわかった」と理解の幅を広げていきましょう。

「つなげ読み」は、自分の経験や「世の中」を本とつなげる読み方。

7 「メインのポイントと議論のポイントがつかめない」の対策

この問題は、「絶対に読むべきポイント」と「読み飛ばしてもいいパート」の見分けがつかないという悩みです。

しかし、どんなジャンルの本にも著者が心から伝えたいと願って書いている部分とそうではない部分があります。極端に言えば、テーマをわかりやすくするための事例紹介、自己紹介的な回想シーン、主題への理解度を高めるための具体例は読み飛ばしても問題ないでしょう。

これは第1章で解説しましたが、**本の中には一定の階層構造があり、「しかし」「つまり」「たとえば」などの接続詞に注目することで、読むべきパートと読み飛ばしていいパートを見分けることができます。**

しかし、読書の量が少ないうちは、本の中の階層構造に気づくことができません。加えて、最初から最後まで読まなければいけないという思い込みがあると「あれもこれも重要だ」と感じるので、読んでいるうちに疲れてしまい、読書が続かなくなります。

本には読むべきポイントと読み飛ばしてもいいパートがあると知ること。そして、その見分け方を身につけることです。

8「エビデンスの価値が測れない」の対策

本を読みながら「ここに書かれていることは信頼できるのだろうか？」と疑問を持

ち始めると、途端に内容が頭に入らなくなっていきます。「著者はこう書いているけれど、個人的な体験談だから自分に役立つのかな?」と。

私は、エビデンスのないノウハウやマニュアル、テクニックが記載されている実用書は基本的に読む必要がないと考えています。

エビデンスの価値は巻末などに併記されている参考文献リストや著者のプロフィール、これまでの著作から類推することが可能です。

本の中に紹介されている実験や論文があれば、ネット検索することでその実験がどのくらいの規模で行われ、その論文がどの程度権威のあるものかも調べることができます。

9 「本の内容を理解するための背景知識や経験がない」の対策

10 「馴染みのない分野である」の対策

この2つの問題の対策は、はっきりしています。

本を理解するために必要な背景知識や経験がなく、馴染みのない分野の本を読んでいる。これは高校の数学を勉強しようとしているのに、算数ができていない状態です。

対策に近道はなく、**さかのぼって入門書を読み、背景となる知識をつけたうえで再読しましょう。**

また日頃、マンガや小説を読んでいる人がいきなり実用書を手に取ったとき、ストーリーやキャラクターがないことでうまく読めないことがあります。そんなときは、実用書のマンガ版から入ってみるのがいいでしょう。

ストーリーの流れとキャラクターの成長に合わせて、ノウハウが語られる構成になっているので理解しやすいはずです。

ポイント

事前に挫折ポイントと対策を知ることで、壁にぶつかったときの立ち直りが早くなり、積ん読がゼロになる。

コラム

ワーキングメモリを鍛える

読んだ本を役立てるうえで、ぜひ鍛えたい脳の機能があります。**それは記憶力、理解力、説明能力のすべてに関わっているワーキングメモリです。**

ワーキングメモリは、脳内に入ってきた情報を短時間保存する機能、記憶されている他の情報と組み合わせ、思考、計算、判断などの知的生産作業を行う機能を持っています。これは言わば、読書を支える「地頭力」のようなもの。

本を読んでいるときに当てはめてみると、脳の「言葉を入れて引き出す」機能は情報をインプットする力と情報をアウトプットする力に大きく分けられます。

インプットの際には脳の中の海馬が、アウトプットに際しては前頭前野が関与しています。そして、**その双方を橋渡ししているのがワーキングメモリです。**

読書中に興味のある情報があったとしましょう。ワーキングメモリの働きが落ちていると、長文を読み進めていくうちに、前半部分が頭からこぼれ落ちていき、文章全体の理解にまでたどり着きません。

さらにインプットに限らず、**読んで得た知識とその関連する記憶を引き出し、アウトプットするときにもワーキングメモリは忙しく働いています。**

たとえば、友達と映画について話していたとしましょう。

「この間、読んだ本で、〇〇が好きそうな映画が紹介されていたんだよ。えーっと何だったかな？　今、パッとタイトルが出てこないけど、あれ、ヤバい人たちの考え方がよくわかる映画でね」

ワーキングメモリの働きが落ちていると、映画のタイトルやテクニカルターム（専門用語）が言葉として出てきにくくなり、「あれ」「それ」「これ」とアウトプットがぼやけていきます。

これでは、話をしていても相手に伝わらず、話し手の印象もネガティブなものになってしまいます。

逆にワーキングメモリの働きが高い人は、**脳内の記憶からスムーズに必要な単語を引き出し、最近読んだ本の内容と組み合わせ、アウトプットすることができます。**

「最近読んだ◯◯という本に、××って映画が紹介されていてね。主人公がかなりのサイコパスで、その性格が細かく描写されていくんだって。△△は心理学に興味があるって言っていたから、好きそうだなーと思ったんだよね」

タイトルやテクニカルターム、具体例などがなめらかに出てくることで、説得力が増し、聞き手にポジティブな印象を残すことができます。

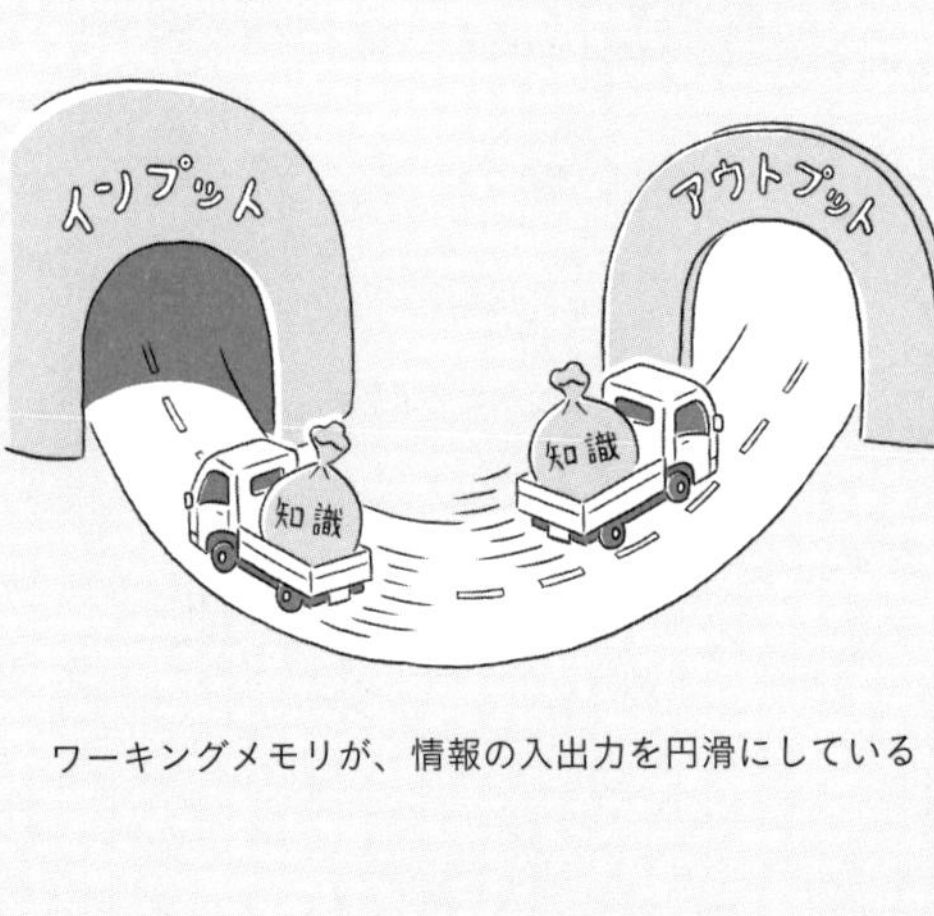

ワーキングメモリが、情報の入出力を円滑にしている

事実、テンプル大学が行った研究によると、4週間ワーキングメモリを鍛えるトレーニングを行ったグループは、何もしなかったグループに比べて**脳の実行機能（集中力）が60％上昇し、文章の読解力も20％も向上した**と報告されています。

では、どうすればワーキングメモリの機能を高めることができるのでしょうか。

ワーキングメモリに関する本格的な研究は始まって十数年。以前は鍛えることは難しいと考えられていましたが、ここ数年、科学的根拠のあるトレーニング方法がいくつも報告されています。

ここでは最も手軽なトレーニング方法を紹介します。

ワーキングメモリは、ゲーム感覚で鍛えられる

それは、**「デュアルNバックテスト（DNB）」**です。

これは短期の記憶力を試すシンプルなゲームで、多くの実験で活用され、ワーキングメモリの向上が確認されています。

ＤＮＢにはさまざまなバリエーションがあり、私が弟と開発した「ＤＮＢ　15分ＩＱアップ脳トレゲーム」など、無料で使えるアプリが複数公開されています。「デュアルＮバックテスト　アプリ」「デュアルＮバックテスト　ゲーム」といったキーワードで検索し、出てきたものから評価の高いものを試してみてください。

ちなみに、先ほどのテンプル大学の研究で使われたトレーニングも、「コンプレックス・ワーキングメモリタスク」と呼ばれるテストで、ＤＮＢの一種でした。

ほとんどのＤＮＢは起動すると、**画面に9つのマス目が現れます。そこに出現する記号やアルファベット、数字、ビジュアルの位置を記憶し、当てていくのが基本ルールです。**

とはいえ、言葉での説明を読むよりも、実際にあなたのスマホやパソコンで一度、試してもらえればすぐにルールを理解することができるはずです。

その他、ドイツのハンブルグ医科大学が２０１４年に行った実験でも、同様の結果が出ています。こちらは平均年齢8歳の子どもたちを対象に、ワーキングメモリを鍛えるトレーニングを行うグループ、行わないグループに分け、14回のセッションを行った直後、3カ月後の変化を確認しています。

すると、トレーニングを行ったグループは行わなかったグループに比べて、**長文の読解力が16％向上、数学の能力も17％向上した**のです。

注目したいのは、文章を読み解く力だけでなく、数学の能力も向上したこと。つまり、読解力に加え、論理展開の能力も高まっているわけです。

論理展開能力がある人は、難解な文章を読んでいても著者の主張を逃さず読み取ることができます。また、理解した内容を誰かに話すとき、要約するときなど、アウトプットするときに論理的な説明ができるようにもなります。

つまり、**ワーキングメモリを鍛えることでインプット、アウトプット両面の能力が高くなり、読書効率が著しく向上する**のです。

第 3 章

理解力と記憶力を高める5つの読み方

難しい本でも何度も読み直すことがなくなる

ページの端《はし》を折り込むドッグイヤーを作る、重要なところにマーカーで線を引く、印象的だった内容を書き写し、メモにまとめる、付箋を貼るなど、あなたもちょっとした自分なりのテクニックを駆使しながら本を読んできたのではないでしょうか。そのうえで、経験則としてこの方法は効果があった、これは意味がなかったと取捨選択をしてきたはずです。

実は、世界中の研究者が同じ試みを行い、効果的な読書術について調べています。

なかでも2013年にトルコの名門ハジェテペ大学が行った研究は、本を理解する力を高めるために効果的な5つのテクニックを明らかにしています。

この研究では、過去に行われたさまざまな読書術に関する研究論文から信頼性の高い15の論文を厳選。それらを比較、検討、検証しながら本の理解力を高める方法を抽出していきました。その結果、明らかになった「理解力を高める本の読み方」が5つあります。**私も最近はこの読み方を実践し、成果をさらに上げています。**

いずれのテクニックにも共通しているのは、**「本の単なる読者にならないこと」**。ただ文字を目で追うだけで、内容をそのまま受け止め、ページをめくり、読み終える……。そんな受け身のままでは、内容の理解度は高まりません。**好奇心や想像力、質問力を駆使して、自ら仕掛けていく姿勢が理解度を高める読み方となる**のです。

では、どんなふうに仕掛けていけばいいのか。そのやり方を科学的にまとめたのが、これから紹介する5つのテクニックです。

よりイメージしやすいように、**読む前、読みながら、読んだ後とシーンを分けていますが**、どのタイミングで実行しても効果があります。

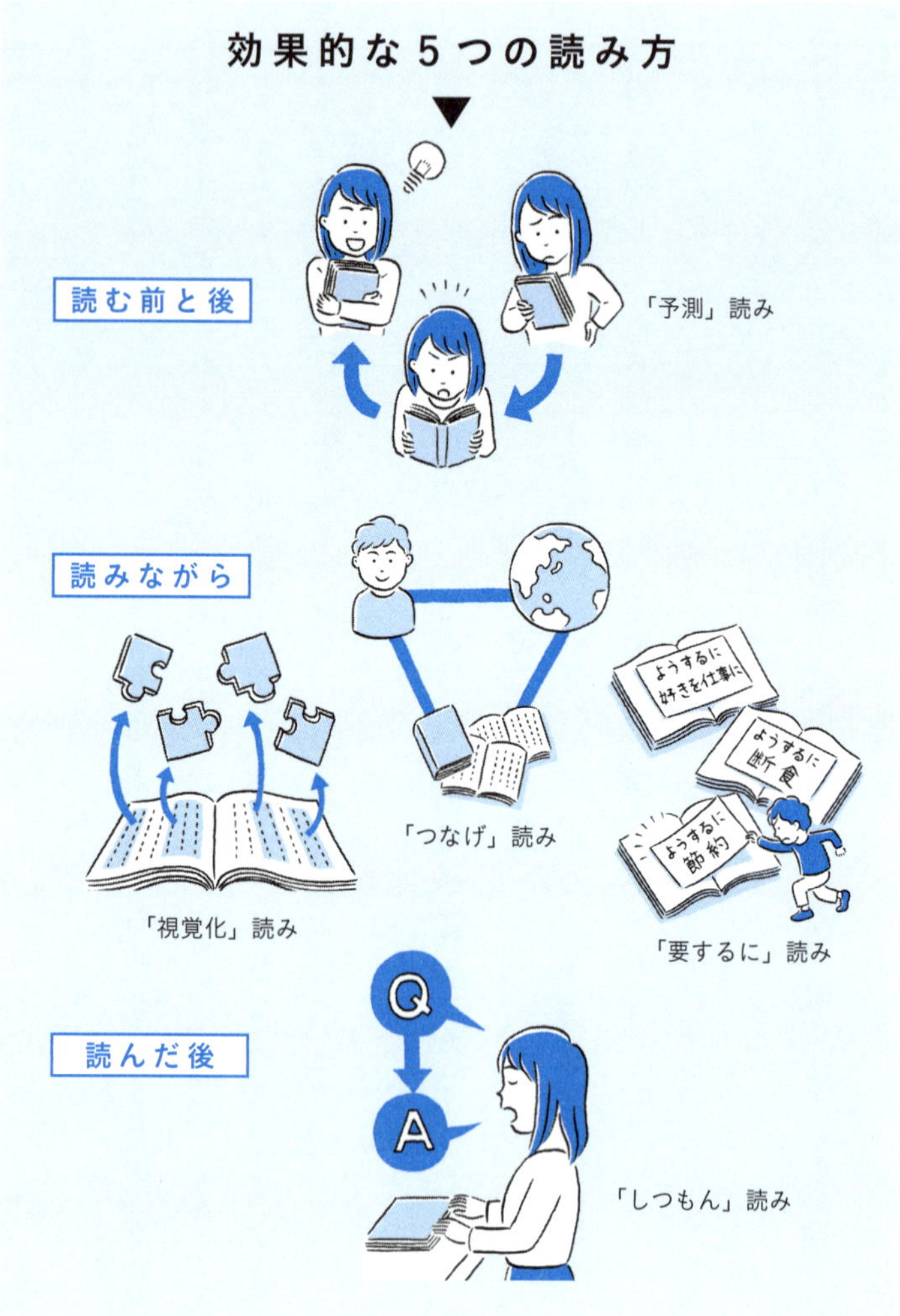
効果的な5つの読み方
読む前と後
「予測」読み
読みながら
ようするに
好きを仕事に
ようするに
断食
ようするに
節約
「視覚化」読み
「つなげ」読み
「要するに」読み
読んだ後
Q
A
「しつもん」読み

読む前と後

「予測」読み

予測を
裏切られるほど
記憶に残る

1つ目のテクニックは、「**予測読み**（プレディクティング：Predicting）」です。
読み方の手順として、まず書籍のタイトルや著者のプロフィール、目次、帯などをチェックします。
ここで気づいたかもしれませんが、実は第1章で紹介した「スキミング」と同じ手順です。
スキミングでは、タイトルやキャッチコピーからメインテーマをつかみ、目次から本の内容を拾い読みしていきました。

「予測読み」で重要なのは、自分の過去の経験やすでに身につけている知識を使って、**目の前の本にどんなことが書いてあるのかを予測することです。**

たとえば、今、この原稿を書いている私の手元には**『ハーバード×MBA×医師　目標を次々に達成する人の最強の勉強法』**という本があります。オススメできる程の良書です。

本のタイトルから、この著者はハーバードに留学し、研究活動を行いながら、並行してMBAを取った医師で、そのプロセスで実践してきた勉強法を紹介している1冊だと伝わってきました。

これらの情報から「予測読み」を行います。

私は自分の経験に照らし合わせて考え、次のような内容が書かれているはずだと予測しました。

■ **研究に忙しい中でMBAを取得するために不足するのは、時間**

- **自分も時間のやりくりには悩んでいる**
- **著者は、少ない時間で新しい知識を習得するための方法を知っているのでは**
- **成果を出した著者は、独自の時間管理のテクニックも持っているはずだ**
- **それらが書かれた部分を読んで、学びたい**

続いて、目次を読みました。

この本は、全6章で、「結果を出す人の目標設定の技術」「結果を出す人の時間管理と集中力を高める技術」「結果を出す人の勉強の技術」「ハーバード、MBAから学んだ私の勉強法」「ゼロからの英語学習術」「結果を出す人の成長し続ける技術」から構成されています。

ここで予測したいのは、「どの章が今の自分に役に立つのか」「どこに一番ほしい情報が書かれているのか」です。

私は、**2章の「時間管理と集中力を高める技術」**が自分の求めている内容に違いないと狙いを定めました。

こんなふうに自分の経験、知識に結びつけた予測をすることで、本の内容への関心と期待感が高まります。また、「予測読み」では、必ずあなたの予測を箇条書きで書き出しましょう。すると、**実際に読み進めたとき、予測との違いを比べることもできるようになり、本の内容に意外性があればあるほど記憶に残るようになります。**たとえば「天才肌の著者だから、感覚的なことが書かれていると思っていたけど、意外にもノウハウが体系だっていた」などです。

もし、箇条書きにするのが手間だと感じるなら、目次を見ながら興味を持った部分を読み上げ、「ここには○○といった内容が書かれているのでは？」とスマホなどに音声でメモを残すのもいいでしょう。

とにかく「予測読み」で大切なのは、**予測を記録し、実際に読み終わった後に本の内容と比較すること**。このプロセスによって、本

予測を言葉にして、読んだ後に照らし合わせよう

の理解度が高まるからです。

ほしい知識が明確になるから、絶対読める

たとえば、あなたが「英語を勉強したい」「将来的には海外の大学に留学してみたい」と思っているなら、「予測読み」の対象となる目次も変わってくるでしょう。

最も期待値が高くなる章は「ゼロからの英語学習術」となり、箇条書きで書き出される予測はこんなふうになるはずです。

- ハーバードに留学した人、現地で研究をしながらMBAまで取った人は、どんなふうに英語を学んだのか
- 「ゼロから」とあるように、英語の学習法が初歩から紹介されているのではないか
- 英語の効率的な学び方が知りたい
- 海外留学する場合、どのくらいの英語力が必要なのかも知りたい
- それらが書かれているであろう「ゼロからの英語学習術」から学びたい

このように予測を立てることには、本の内容への理解力を高める他にもう1つ大きな効能があります。

それは読書のハードルが下がること。日頃、「1冊の本を読み切ることができない」と悩んでいる人ほど、その効能を強く感じられるはずです。

というのも、予測を立て、興味のある章を絞り込むことで、本を読む目的が定まります。

■ **時間管理のテクニックが知りたいのなら、「結果を出す人の時間管理と集中力を高める技術」を読む**

■ **英語の効率的な学び方を知りたいのなら、「ゼロからの英語学習術」を読む**

予測を立て、絞り込むことで真っ先に読むべき章が決まります。

「1冊の本が読み切れない」と悩む人の話を聞き取った調査データによると、**9割の人が本の最初の章で挫折している**ことがわかっています。

「はじめに」を読み、1章を読み終えるあたりで躓いてしまうのです。

その結果、「自分には集中力がないから……」「読解力がないから……」「飽きっぽいから……」と読書に苦手意識を持ってしまいます。

でも、これは真面目に最初のページから順番に最後まで読み進めようとするから起きるトラブルです。興味のあるところ、必要性のあるページを真っ先に開き、自分の立てた予測と照らし合わせながら読み進めれば、躓きは回避できます。

なぜなら、**そこに書かれているのは、あなたがその本を手にした動機と直結している内容だから**です。

読書の効果を上げるポイント

▼

△最初から読む

◎興味のある章や見出しから読む

「予測と結果」を比べることで、理解が深まる

先ほど私はこの本から「時間管理」のテクニックについて、次の予測を立てました。

- **研究に忙しい中でMBAを取得するために不足するのは、時間**
- **自分も時間のやりくりには悩んでいる**
- **著者は、少ない時間で新しい知識を習得するための方法を知っているのでは**
- **成果を出した著者は、独自の時間管理のテクニックも持っているはずだ**
- **それが書かれた部分を読んで、学びたい。**

対応する章を読み、自分の予測がどの程度、当たっていたかを評価します。

そして、意外性を感じた部分についてはメモにまとめます。メモのまとめ方については、4つ目のテクニックである「要するに読み」で詳しく解説します。

ちなみに私が、『最強の勉強法』で新鮮だったのは、集中力が途切れるきっかけと

なる気が散る時間を**「デストラクションタイム」**と定義していたことです。

友人から喫煙所に誘われる、SNSをずっと見てしまうなど、時間としてはわずかでも、途切れてしまった集中力を再度高めるには大きな労力が必要となります。つまり、気が散る要素を排除していくことが、時間管理にとって重要になるのです。

こんなふうに立てた予測と内容を比較し、おもしろさを感じ取ることで内容の理解度が深まります。さらに、**人間には「一貫性の原理」が備わっているので、一部を通読しておもしろく感じた場合、その前後を読まない状態が気持ち悪くなってきます。**

前後を埋めて、一貫性を保ちたいという感覚を読書の味方につけるなら、**まえがきとあとがきと興味を引いた「章」を1つ読むようにしましょう。**それが、あなたの得たいことにフィットすれば、1冊を通読するハードルは一気に低くなります。

ポイント

本を開く前に内容を予測しよう。
意外性があるほど、記憶に刻まれる。

読みながら

「視覚化」読み

すぐに頭から
引き出せるように
知識に形を与える

たとえば、学生時代にこんな経験をしたことがないでしょうか。

教科書を読んでもいまいち理解できなかった数式について、クラスで一番数学のできる友達に質問したら、イラスト付きの解き方を見せてくれて、「そう考えるのか！」と腹落ち。次からは自分でも解けるようになっていった。

歴史の授業で丁寧に説明を受けたのに、どうにも暗記できなかった人名と出来事が大河ドラマや歴史マンガを見たら、「こんな背景があって事件を起こしたのか！」と一発で覚えることができた。

どちらも**足りなかったストーリーや主人公をビジュアルで補ったことで、理解が進んでいった**のです。

私は講演や動画配信の番組で、レジュメを見ずに読んだ本や最新の論文に基づき、専門用語やたとえ話を交えながら話をしています。その様子を見た人から「どうやって覚えているんですか？」と聞かれることも少なくありません。

その秘密が、ここで解説する「**視覚化読み**（ビジュアライジング：Visualizing）」にあります。読んだ本の内容を頭の中で想像し、ビジュアル、つまり映像的に膨らませる読み方です。

これは日頃、小説や詩、紀行エッセイなどを読んでいる人は自然に行っています。あなたも登場人物の表情や声、詩を書いた詩人の見たもの、旅をしているエッセイストの味わった料理などを想像し、頭の中で映像化してみた経験があるのではないでしょうか。

すると、家族や友達から「あの本、どうだった？」「おもしろかった？」と聞かれたとき、小説やエッセイの内容、詩から受けた印象を上手に話すことができます。

たとえば、映画「ロード・オブ・ザ・リング」の原作であるトルーキンの長編小説の『指輪物語』を読んだ後、「おもしろかった？」と聞かれたとしましょう。

仮に主人公の名前をド忘れしてしまったとしても、彼らの冒険の様子や物語のカギを握る指輪のこと、登場人物の成長を感じた場面、闇の勢力との戦いなど、読んだ本人が「おもしろい」と感じた部分を話すことができます。

同じように映画やドラマについても〝ながら観〟ではなく、じっくり鑑賞した後なら、あらすじを説明することができるはずです。

ところが、実用書やビジネス書の場合、読んでからしばらくすると内容が完全に抜け落ちてしまっていることもめずらしくありません。

この差は何かというと、ビジュアル化ができているか、いないかです。

ビジュアル化のカギはストーリーにあります。

いい小説、いい映画、いいドラマには当たり前ですが、いいストーリーがあります。私たちはストーリーの展開や登場人物の次なる行動を想像しながら楽しみ、内容も記憶に定着していくのです。

しかし、ほとんどの実用書やビジネス書にはストーリーがありません。確固たる主人公も登場しません。しかも、実用書やビジネス書の読み手は必要に迫られその本を手に取っただけであって、楽しい気持ちでページをめくっていくわけでもありません。

つまり、実用書やビジネス書にはワクワクさせるストーリーがないので、読み手が自然とビジュアル化することができないのです。その結果、読み終わった後、内容が記憶に残らず、抜けていってしまいます。

文章よりもストーリーのほうが内容を覚えやすい

この問題を知ってか知らずか、各出版社は積極的に**「マンガでわかるシリーズ」**をリリースしています。マンガでわかるドラッカー、アドラー、ＰＤＣＡ……。

内容がどこまで練り込まれたものかはタイトルによって異なりますが、少なくとも「ストーリーと主人公」という読者に自然なビジュアル化を促すスイッチは用意されています。

仕事上、知る必要があり、**初めてそのテーマの本を手に取るなら、こうした「マンガでわかるシリーズ」はオススメです。**

ビジュアル化の秘訣は、「構造」にあった

前置きが長くなりましたが、「ストーリー」や「主人公」のない実用書、教養書、ビジネス書なども**意識的に手順を踏めば、ビジュアル化でき、内容を記憶に定着させることができるようになります。**

その手段とは、論理構造を絵でイメージすること。

抽象的でよくわかりませんか？　たとえば、左図のようなイメージです。

前提

▼

科学的に根拠のある記憶力を
アップさせる方法はないだろうか？

解説

▼

カリフォルニア大学の研究チームが、好奇心を刺激すると記憶力がアップするという実験結果を発表している。

記憶したい内容を勉強する前に、本人の興味のあるジャンルのものを見聞きする。

すると、脳の報酬系が刺激され、隣り合う部位で記憶力を司る海馬の活動も活発に。

その結果、記憶力がアップする。実験では、トリビアクイズの成績が事前に好奇心を刺激しなかったグループに比べて、２倍に。

結論

▼

内容を定着させたい本を読む前に、あなたの好奇心を満たし、報酬系を刺激する何かを見聞きすること。小説やマンガ、音楽やゲームなど、好きなものに５分ほど触れた後、覚えたい本を読むと記憶力がアップする。

私は「科学的に根拠のある記憶力をアップさせる方法はないだろうか?」と思い、記憶力についての論文をいくつか読んでいました。すると、カリフォルニア大学の研究チームが発表した論文に興味深い記述を発見。その情報を前ページのように要約し、整理しました。

ここでは、このように**「前提、解説、結論」をひとまとめにしたものを論理構造と呼びます**。イメージとしては、マンガの吹き出しのように論文や本を読みながら、「前提」「解説」「結論」を**物体としてイメージして頭の中でまとめていきます**。

自分が本に求めていた目的を**「前提」**として、読んだ内容に含まれていた役立つ情報を**「解説」**として取り出し、誰かに話す状況を想定しながら「結論」として要約するのです。

その後、**私はマインドマップ（情報や思考を整理するためのツール）に書き出し、空いた時間に読み返しては内容を記憶に定着させていきます**。

この繰り返しによって、講演の質疑応答で急に質問された場合でも、「それは○○大学の研究チームが行った××という実験があり、△△という結果が出ています」と

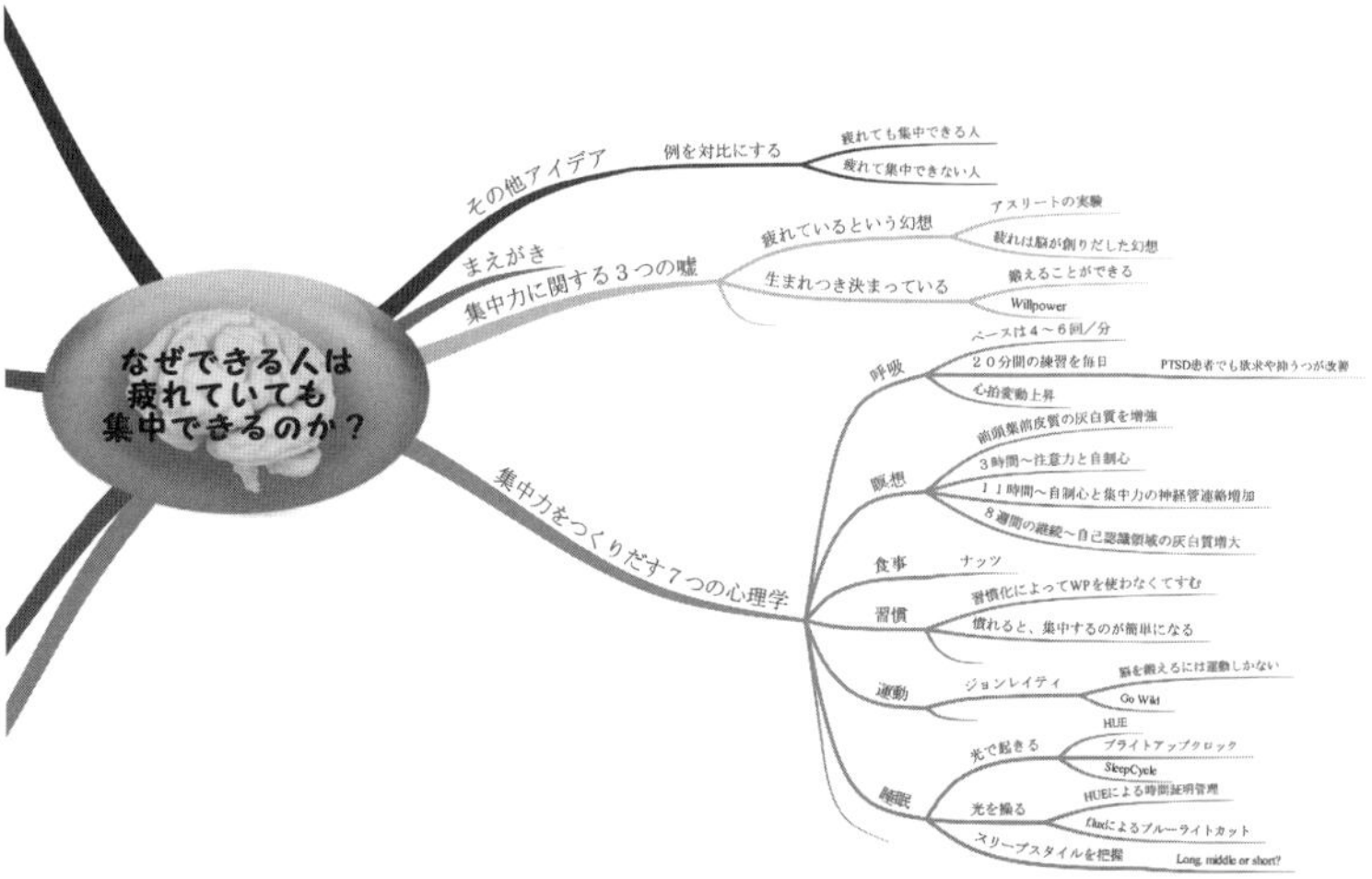

記憶から自在に引き出すことができるわけです。

私に並外れた暗記力があるわけではないのに、**スラスラと話せるのは、この「フォーマット」と地味な努力の賜物**。言い換えれば、ビジュアルの力をうまく使うことができれば、誰でも覚えるべき内容をしっかり入出力できるようになります。

参考までに私が作成したマインドマップを上に載せておきます。

パズルのピースを探すように読む

では、「視覚化読み」を実用書、教養書、ビジネス書などで試してみましょう。ポイントは、**あなたが役立つと感じた部分をピックアップし、それをパーツごとにまとめ、論理構造としてビジュアル化すること**です。

- **自分には本を読む前に「A」という疑問があり、その答えは「B」と書かれていた。**
- **著者が根拠として挙げていたのは、「C」という実験や「D」というデータ。**
- **誰かに話すときは、「Aの答えは、B。なぜなら、Cという実験があり、Dというデータがあるから」と伝える。**

このように論理構造をつながりとして、イメージすることで、記憶に定着しやすくなる効果が得られます。

とはいえ、1冊の本から覚えたい部分を順番にビジュアル化していくと、当然、そ

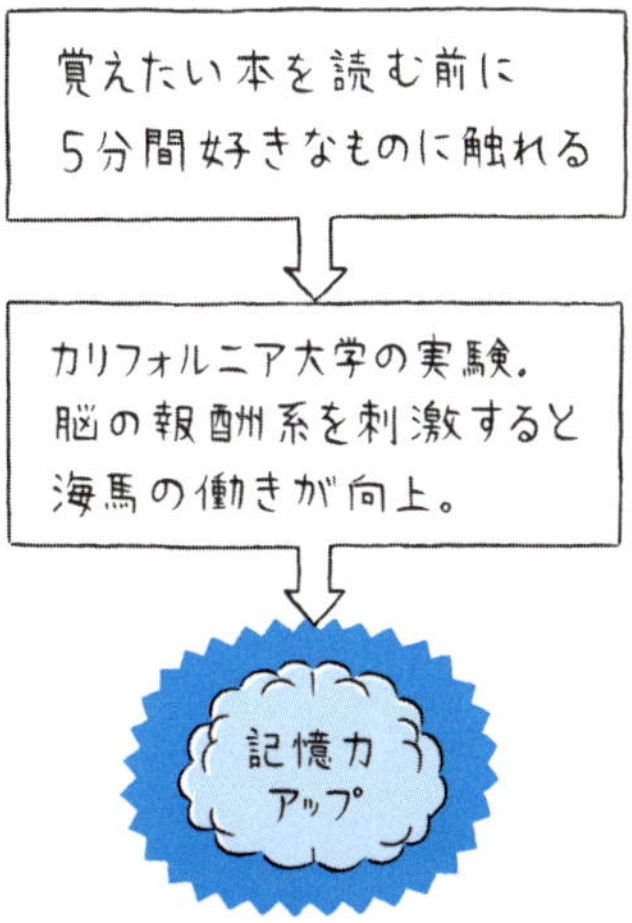

の数は増えていきます。それらをすべて記憶するのは難しいので、ビジュアル化してまとめた論理構造がいくつか貯まったら、**そこから「キーワード」だけを抽出していきましょう。**

先ほどの記憶力に関する論文であれば上図のようになります。

私はこのようにギュッと濃縮したキーワードにまとめ直し、A4一枚のマインドマップにしています。すると、そのペーパーを見ただけで本の内容を芋づる式に思い出すことができ、復習に役立つのです。

視覚化読みの効果は、**本を読んでしばらく経ち、内容がおぼろげになったときでも**

キーワードを目にすることで記憶がよみがえってくる点です。

これは論理構造という設計図を一度、絵として頭の中に入れたからこそ。1つのピースからパズルの全体像を思い浮かべることができるのです。

ポイント

文章のビジュアル化ができると、
忘れることなくすぐに思い出すことができる。

読みながら

「つなげ」読み

自分と
「本の世界」を
結びつける

3つ目のテクニック「つなげ読み（コネクティング：Connecting）」は、読んでいる本を自分の持っている知識や体験などと結びつけ、理解度を高める方法です。

結びつける先は、3つあります。

■ **Text-to-Text**（テキスト・トゥ・テキスト）

「この本の内容は、自分が以前に読んだ別の本に近くないだろうか？」「この本は学生時代に学んだテキストを思い出させる。なぜなら……」など、過去にあなたが読んだことのあるテキストと結びつける。

■ **Text-to-Self（テキスト・トゥ・セルフ）**

「この本に書いてある内容は、自分が過去に味わった体験に近いのではないだろうか？」「この本の内容は、自分が過去に味わった体験とどう違うだろうか？」など、あなたの過去の体験と本の内容を結びつける。

■ **Text-to-World（テキスト・トゥ・ワールド）**

「この本に書いてある内容は、ニュースで見たことがないか？」「本の内容と似た事態が現実で起きていないか？」「この本のテーマは実際の事件や出来事に似ていないか？」といった質問を重ねて、本の内容と世界に起きている現象を結びつける。

本を読みながら、自分の知識、体験、世界の中の出来事の3つを思い浮かべ、結びつけていくのが「つなげ読み」。別のリソースと重ね合わせて読むことで、内容の理解度が高まっていくのです。

ただし、すべてのページで「つなげ読み」を行うと、負荷が大きく読書スピードが著しく落ちてしまいます。**「ここは覚えたい」「深く理解したい」という部分に絞って使うようにしていきましょう。**

では、それぞれ詳しく解説していきます。

続編やシリーズ作は、関連づけながら読むべき

「Text-to-Text（テキスト・トゥ・テキスト）」は、過去にあなたが読んだ本と今、目にしているテキストを結びつけます。これが内容を記憶するのに役立つのは、脳の性質と関係しているからです。

脳は新たな情報を受け取ったとき、他の記憶と結びつかないものは重要ではないと判断し、すぐに忘れていく性質があります。

逆に**「この本の内容は、過去に読んだ雑誌の記事のデータを裏付けるエピソードだな」といったように他の知識を結びつけることで、脳が「この情報は重要なものだ」**

と判断し、記憶に残りやすくなるのです。

ポスターを貼るとき、1カ所だけピンで留めた状態は不安定でゆらゆら揺れ、壁から落ちてしまいます。

でも、2カ所、3カ所、4カ所とピンを増やしていくと安定した状態になります。新たな情報も同じように、複数の記憶と結びつけてあげることで定着するのです。

たとえば、私は3年ほど前に**『影響力の武器　戦略編　小さな工夫が生み出す大きな効果』**を読みました。

言わずと知れた社会心理学の古典『影響力の武器』の続編です。そこには、理論としての『影響力の武器』をどうやって実践に活かせるかをテーマにしたケーススタディが豊富に紹介されています。

『影響力の武器』は、私の大好きな本で、それこそ紙に穴があくくらい何十回と読み

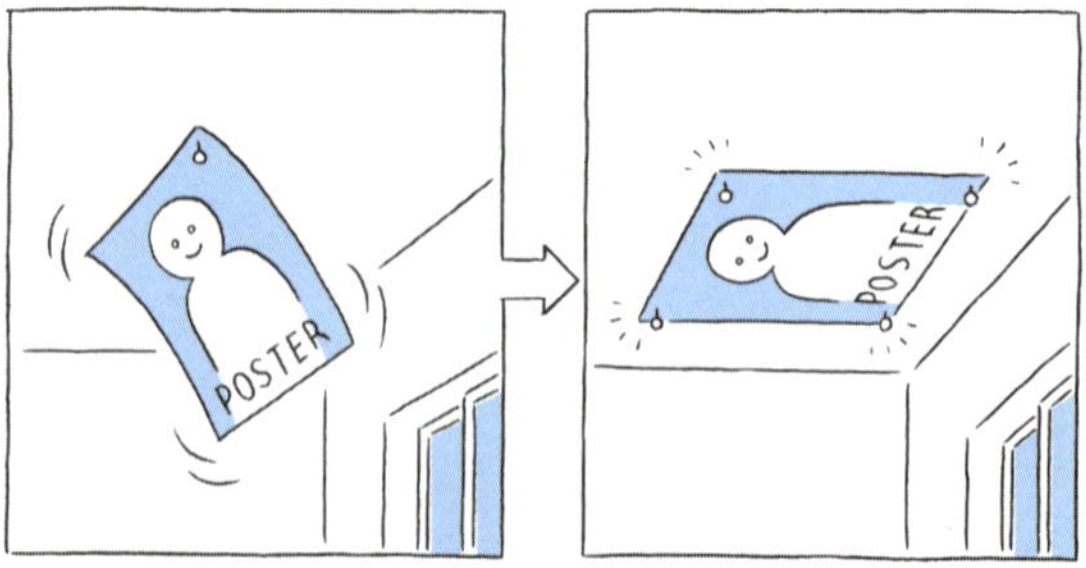

知識の定着とは、天井に固定するようなもの。
つなぎ留める点は複数あったほうがいい

ました。オーディオブックも聞きました。相手に「イエス」と言わせる承諾誘導のテクニックなど、本当に多くを学びました。

その続編である『影響力の武器　戦略編』は、サブタイトルに「スモール・ビッグ」とあるように、その理論を下地にして「小さな工夫で大きな効果」を生む具体的な方法論が書かれています。

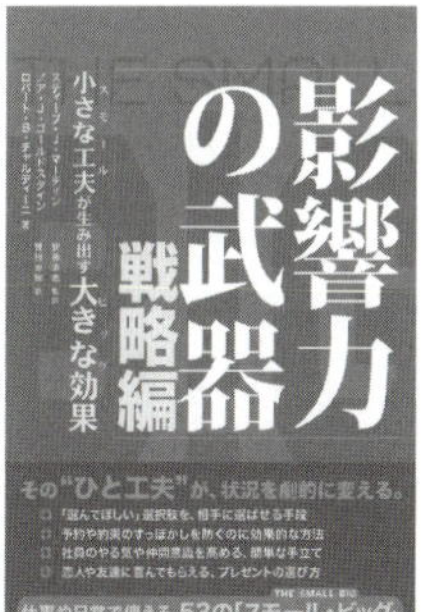

理論が頭に入っている状態で使い方を読み、新たに気づいたことは、**既存のAとBを組み合わせてまったく新しい価値を生み出すことができるんだな、**ということでした。

話は飛躍するようですが、書店とネットを合わせてできた巨大ビジネスが、アマゾンです。

空き部屋や空き住居とネットを合わせてできたのが、Ａｉｒｂｎｂです。

読書に関しても、かつて興味を持って食い入るように読んだ本の続編、番外編、同じ著者の新作などを読むことで、自然と「Text-to-Text（テキスト・トゥ・テキスト）」

が働き、自分の中で新鮮な発見を得ることができます。

『影響力の武器　戦略編』を読み、「Text-to-Text（テキスト・トゥ・テキスト）」したことで私が見出したのは、**「基本法則＋使い道」を提示することの大切さ**です。これはその後に、著者として書いた本すべてに生かされている気づきでした。

読みながら、自分のなかの関連する記憶や体験を探れ

「Text-to-Self（テキスト・トゥ・セルフ）」が効果を発揮するのは、脳が受け取った新たな情報をエピソード記憶に変えてくれるからです。

著者が告白している過去の失敗や苦悩が、あなたの過去の体験と似ているとき、その内容を身近に感じます。すると、読みながら「自分も身に覚えのない出来事について上司から叱責されて悲しい気持ちになった」「失恋で落ち込んだ気持ちを立て直すにはどうしたらいいか悩んだ」など、当時の感情や想いがよみがえってきます。

そして、本に書かれている内容が「わかる、わかる。自分もそうやって気持ちを立

て直した」「あ、そんなやり方もあるのか」「自分もここにある方法は試したけど、うまくいかなかった」など、**自分の体験と結びついてインプットされると、それは感情を伴ったエピソードとなって記憶に残りやすくなるのです。**

強い感情と結びついた情報や出来事は、記憶に残りやすいことは本書でくり返し述べました。

なぜ、こうした現象が起きるのかというと、記憶を司る海馬の近くにある扁桃核《へんとうかく》と呼ばれる部位が刺激されるためです。扁桃核は感情のコントロールと深く関わっていて、良くも悪くも気持ちが動いたときに強く反応します。そして、**海馬は扁桃核の刺激が伴うエピソードを重要な情報と受け止め、長期記憶に残すよう働くのです。**

私が「Text-to-Self（テキスト・トゥ・セルフ）」を実践して効果を上げたのは、戦略論と経営理論の世界的権威とされるリチャード・P・ルメルトの『**良い戦略、悪い戦略**』を読んだときです。ちょうどメンタリストとしてテレビに出演するのをやめ、ビジネスの世界に舵を切った

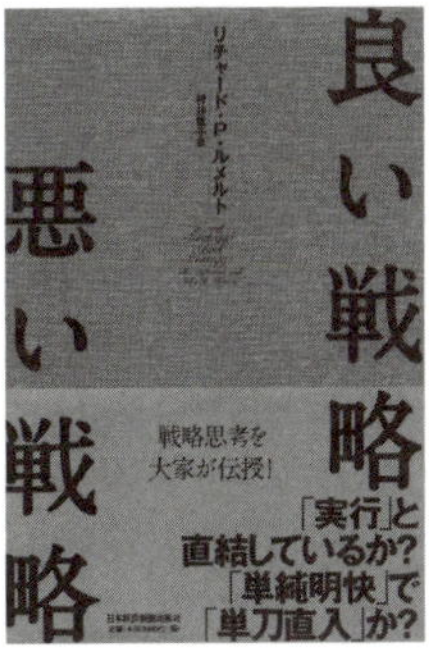

頃のこと。私は、自分に合った組織を作るための方法を模索していました。

いわゆる会社っぽい組織を作っても、うまくいかないと感じていたものの、世間一般の多くの企業が似た組織体であるなら真似してみてもいいのかなと、揺れ動いていた時期です。

ルメルトが示しているビジョンはシンプルで、「良い戦略は、『診断』『基本方針』『行動』という基本構造を持っている」というもの。本の中にはハンニバルのカンナエの戦いからアポロ計画、ＩＢＭの事業戦略まで、古今東西の良い戦略と悪い戦略のエピソードが紹介されていきます。

この本を読んでいて痛快だったのは、**悪い戦略をばっさばっさと切っていく分析部分で、ブレることがいかに愚かなことかを再認識させてくれました。**

そして、自分の経験と照らし合わせて読んだとき、組織の大小関係なく、**うまくいく戦略はシンプルでブレがないということに気づかせてくれた**のです。

たとえば、ニコ生の放送にしても最初、私は映像制作を外注にしてみたり、いい機材を用意したり、本質ではない部分で手間をかけていました。でも、本書に書かれている「良い戦略は、『診断』『基本方針』『行動』という基本構造を持っていること」を「Text-to-Self（テキスト・トゥ・セルフ）」すると、すべきことがはっきり見えてきました。

- **診断／外注スタッフも高価な機材も必要ない**
- **基本方針／質の高い情報を発信し、効率よく会員の皆さんが実践できるチャンネルを目指す**
- **行動／シンプルな機材で、どこからでも高い頻度で動画を公開していく**

こんなふうに書かれている内容を自分の経験に置き換え、発展させていくのが「Text-to-Self（テキスト・トゥ・セルフ）」の使い方の1つです。

優れた本は、世界の新しい見方を示してくれる

最後に「Text-to-World（テキスト・トゥ・ワールド）」は、本の内容とあなたの知識や

体験がうまく結びつかないときに役立つ方法です。

たとえば、読んでいる本の中に中東やアフリカからヨーロッパに流入する不法移民の問題が取り上げられていたとしましょう。日本で暮らしていると、自分で積極的にアンテナを立てていないと実感を持つことのできない問題です。

そんなとき、ネットで移民問題に関するニュースを検索したり、動画サービスでドキュメント番組を見つけたりすることで、文章だけでは膨らみにくかったイメージが広がっていきます。手元の本と世界の出来事を参照することで、文章とニュースや映像が結びつき、内容の理解が進みやすくなるのです。

私が「Text-to-World（テキスト・トゥ・ワールド）」を実践するのに良書だと思うのは、**『ORIGINALS　誰もが「人と違うこと」ができる時代』**です。

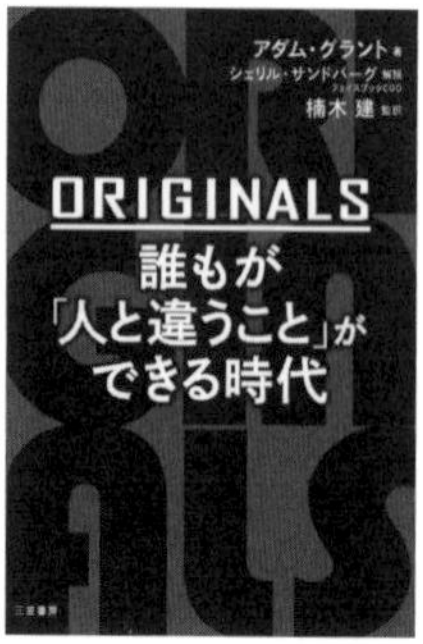

特に起業する人、独立を考えている人には必読の一冊。成功した起業家の本はたいてい役に立ちません。成功したところだけを見せるからです。

というのも、人間は成功すると「最初からわかっていたんだ」と言い出します。周囲も、「彼は創業時から、売上を豆腐と同じように、いっちょう、にちょうと数えたい」と言っていたなんてエピソードを語り始め、伝説化されていくわけです。

でも、それを今から起業する人が真似をして、同じようにうまくいくかと言えば何の根拠にもなりません。その点、**この本は、本当に仕事でうまくいくためには何が必要なのかをペンシルベニア大学経営大学院、通称ウォートンスクールで30代にして終身教授となった天才組織心理学者が調べた珠玉の1冊です。**

読んでいてスカッとしたのは、**「みんなが『いいね！』というアイデア、企画はうまくいかない」「起業するならリスクを取って踏み出せ！　は大嘘で、副業で始めたビジネスのほうが33％倒産率が低い」**など、ばっさり既存の成功譚《たん》を切っているところ。そのうえで、仕事をするうえでの「オリジナリティとはどういうものか？」が書かれています。

これから起業を考えている人はまさに未知の世界に向かうわけで、『オリジナルズ』を読みながら「Text-to-World（テキスト・トゥ・ワールド）」を行うと多くのヒントが得られるはずです。

私個人が、未知の世界と接して「Text-to-World（テキスト・トゥ・ワールド）」によって生活を変えたのは、「まえがき」でも触れた『**脳を鍛えるには運動しかない！**』です。27歳までまったく体を動かしていなかった私は、この本で脳科学や心理学と運動が結びつき、「これまでの27年間、人生を損していた」と思いました。

すぐにジムへ通うようになり、生活全般が大きく変化。発想もポジティブになり、本によって未知の世界と接し、大きく人生を動かされたのです。

あなたにとって意外な世界を見せてくれる本は、いい本です。

- Text-to-Text（テキスト・トゥ・テキスト）
- Text-to-Self（テキスト・トゥ・セルフ）
- Text-to-World（テキスト・トゥ・ワールド）

この3つの「つなげ読み」で、著者のメッセージとあなたの知識、体験、世の中の動きを照らし合わせ、結びつけてください。蜘蛛の巣の網の目が細かくなればなるほど、密度が濃くなって強度が増していくように、**相互につながりあった情報は抜け落ちにくい記憶としてあなたの中に定着していきます**。

ちなみに、こうしたつなげ読みを行うとき、役立つのが、第1章で述べた**「しかし、つまり読み」**です（39ページ参照）。こういった文章の構造を理解すると、本の中の重要ポイントをつかみやすくなります。

そのうえで、「つなげ読み」の3つの手法を試しましょう。

ポイント

自分の経験や世界とつなげることで、本は100倍血肉になる。

読みながら

「要するに」読み

自分の言葉で
思い切って
要約する

4つ目の「**要するに読み**（サマライジング：Summarizing）」には、2段階の使い方があります。

1段階目は、本の全体像をつかむための要約で、次のような悩みを抱えている人にオススメのテクニックです。

- **1冊の本をなかなか読み切ることができない**
- **本を読むのに時間がかかりすぎて困っている**

■**時間がない中で複数の資料や本に目を通さなければいけない**

■**これから新たに学ぶジャンルの全体像をざっくりつかみたいけど、いい方法がわからない**

本を読むときにいきなりじっくり読み込むのではなく、各章を拾い読みしていきましょう。その後、**章ごとに「要するに、○○ということが書いてある」とざっくり要約します**。

ここで大切なのは、目次の見出しを書き写すのではなく、**自分の言葉で「要するに、こうでしょ！」と言い切ってしまうこと**。たとえば、私の著書である『「好き」を「お金」に変える心理学』なら、こんなまとめ方になるでしょう。

■**「1章は要するに、お金の使い方を変えることで幸せになる方法が書かれている。新鮮」**

■**「2章は要するに、長く稼ぐには好きなことに打ち込むべき。なぜなら、好きだから続けられ、成果も出るから、というメッセージが書かれている。好きなことを見**

つける方法も！」

■「3章は要するに、お金を稼げる人が周囲の人とのつながりを大切にしていること、どうやって人とのつながりを作っているかが書かれている。お金＜人だったのか！」

■「4章は要するに、貯め込むのではなく、いい使い方をすることがさらに大きなチャンスを呼び込むことになると書かれている。好サイクルを作るのが大事」

あるいは、今、私の手近にあった健康書のページを適当に開き、3章の内容を要約してみます。

■「3章は要するに、断食の勧め。その具体的な方法、なぜ免疫力が高まるかの考察が書かれている。既知の内容なので読み飛ばしても可」

要約できると、自分の興味が明確になる

こんなふうに各章をざっくり読んで、自分の言葉で要約していきます。**ポイントは**

ほんの1行、短く感想や印象を書き添えること。大げさなぐらい感情を込めてください。細かい事例やエピソードは読み飛ばしてかまいません。もしかしていいことが書いてあるかも……と不安に感じるかもしれませんが、勇気を出して切り捨てて、「要するに、この章は」とまとめてしまいましょう。

すると、**自分がどこに興味を覚えたか、その章が読むべき内容かどうかなどを判断する材料ができます。**その後、各章の要約文を見直しながら、「ここはおもしろそう」「ここは大事だな」と思ったところを熟読すればいいのです。

このように目の前にある本のどの部分を重点的に読むかを見極める、読み込みすぎを防いでくれる、読書スピードを上げてくれるという意味では、「スキミング」や「予測読み」と共通した効果が得られます。

しかし、**「要するに読み」の真の効能は別にあります。**それは、**内容に優先順位がつけられること**です。

1段階目で、本全体を自分の言葉でざっくりと要約したメモができます。このメモを眺めながら、今のあなたにとって役立つ部分、あなたの興味を惹くところを選び、読むべき章に優先順位をつけていきます。「1章を読んだら、次に4章、2章の事例集は飛ばしていいから、時間があれば3章を」と。

こんなふうに読む順番をあなたの都合に合わせて決めると、目的意識が高まり、集中力が持続しやすくなります。しかも、無駄を大幅に省くことができます。これは複数の資料や本を短時間で読まなければならないときなど、特に有効です。

本は、興味の湧いたところから読めばいい

記憶に残りやすいのは、感情つきの自分の言葉

続いて、2段階目の「要するに読み」を紹介します。これは**優先順位を付けた内容をさらに絞り込んでいき、頭に刻む手法です。**

たとえば、「3章は要するに、お金を稼げる人が周囲の人とのつながりを大切にしていること、どうやって人とのつながりを作っているかが書かれている。お金∧人だったのか！」と「要するに」でメモにまとめた章があるとします。

あなたが関心を持ち、メモにまとめた章の中には、著者が明確に伝えたいメッセージがあり、それを裏付けるデータや逸話、具体例などが書かれています。

その章の中から、**本を読み終えたとき、きちんと自分の中に残しておきたい内容を「自分の言葉」で要約し、まとめていく**のです。

たとえば、次の3つの文章に納得し、心が動かされたとしましょう。

『「好きなこと」をマネタイズするための第一歩は、「自分は何が好きで、その物事がどれだけ得意で、具体的に何ができるか」をみんなに知ってもらうことから始まります』

『相手にわかってもらえないと、自分がやりたいことはできません。そのためには「あなたは何の人ですか？」と聞かれたときに、短いセンテンスで答えられるようになっておく必要があります』

『人脈とは誰かを知っていることではなく、誰かに知られていることです。それも「あの人は何々が得意で、何々の相談に乗ってくれる」といったところまで伝わっていてこそ、人脈だといえます』

これらの文章を、「自分の言葉」で要約し、メモにまとめます。

「好きなことで稼げるようになるには、自分の好きなこと、得意なこと、具体的にできることを周囲の人に知ってもらう必要がある。そのためには、『私はフリーランスの税務に詳しい人です』『私は日本中の城を制覇した人です』『私は週末海外旅行のプロです』など、ひと言で強みを話せるよう準備すること。そして、そんな自分の強みを多くの人に知ってもらうことが人脈になる。

遠回りかもしれないけど、今日からＳＮＳで自分の得意分野について発信し続けようと思う」

本に書かれている著者の言葉をそのままメモしても、脳は書き写したことに達成感を覚えてしまい、記憶に残す効果は高まりません。「つなぎ読み」で紹介したように、今ある自分の知識、体験と紐づけながら「自分の言葉」で要約しましょう。そこに**感想や感情を入れるのが、とっかかりとしてオススメ**です。

すると本の内容が自分事になり、記憶に定着しやすくなるだけでなく、著者のメッセージを実践しやすくなります。

本はただ読んで、内容を受け取っただけではあまり役に立ちません。**自ら仕掛けて、自分の言葉で自分事にしてこそ、人生に影響を与え始めるのです。**

読み進めるスピードを上げ、効率的な読書を実現しつつ、コアなメッセージを深掘りすることが可能になる「要するに読み」。ぜひ試してください。

ポイント

「要するにどんな内容なのか？」「どこに感動したのか？」。
自分なりの言葉でその本の印象をメモしよう。

読んだ後

「しつもん」読み

質問と答えで
知識を
定着させる

5つ目の「**しつもん読み**（クエッショニング：Questioning）」は、本の内容に質問を挟む読み方です。

著者にツッコミを入れながら対話をする、そんなイメージを思い浮かべてください。まさに単なる読者にならず、あなたから仕掛けていく読み方。**内容の理解度を高めるため、最も役立つテクニックと言えます。**

というのも、読むという「インプット」に対して疑問を持ち、質問とその回答を作るという「アウトプット」を挟むことが、理解力と記憶力を圧倒的に高めてくれるからです。

では、具体的な進め方を説明しましょう。

まず、読書を始める前にどんな種類の本でも当てはまる質問をいくつか用意します。本を読んでいる間、用意した質問を意識し、自分なりの答えを探していきましょう。

どんな質問を用意するかについては、ハジェテペ大学の研究チームが17個の「効果的な質問例」を提示しています。

読む前に想像できる質問と読んだ後にしか答えられない質問の両方が含まれています。初めて「しつもん読み」を行うときは、この中から3つ、4つをピックアップして活用していきましょう。

1 この本がテーマとしている問題提起は何か？　どんな問題を提示し、どんな解決方法を提案しているのか？

2 この本はどのように始まり、どのように終わったか？

3 あなたはこの本から何を学びたいか？

4 この本が同じジャンルの他の本と似ている部分、違う部分はどこだろう？

5 この本はなぜ重要なのか？

6 この本のタイトルは内容と合っているだろうか？　あなたが本のタイトルを付け直すとしたら？

7 この本のキーポイントやコンセプトは何だろう？

8 本の書き出しをチェックして、作者は読者を引き込むためにどんなトピックを展開しているか？

9 本で扱われているビジュアル要素……チャート・地図・ラベル・グラフ・写真・図解から何を学んだか？　それらの要素からどんな種類の情報を得ることができたか？

10 著者は読者に対してどう考えてほしいと思っているのだろうか？

11 人に勧めるとき、どの章のどんな情報を一番に取り上げるか？

12 作者はこの本をおもしろくするためにどのような工夫をしているだろうか？

13 作者の主張のどこに賛成できるか？　その理由は何か？

14 テーマを説明するために作者がどのような事例を出しているのか？　興味深かった例は？

15 この本を読んでいるときにどんな感覚になったか？

16 この本で最も重要な一文はどれか？　その理由は何か？

17 本の内容を振り返って、自分にとって一番刺さった箇所はどこか？

続いて、本を読んでいる間に浮かんだ疑問を質問に換え、想像上の著者にぶつけていきます。もちろん、著者は目の前にいないわけですが、思い浮かんだ疑問に対する答えのほとんどが本の中にあります。

つまり、著者にツッコミを入れながら読むことで、本の内容をより深く理解できるようになるのです。

最後に読み終わった後、読書を始める前に用意した質問、読んでいる間にあなたが思いついた質問への答え合わせをしていきましょう。

入浴中や歩いているときなど、
いつでも「しつもん読み」できる

大事なのは、質問を念頭に置きながら本を読み進め、自分なりの答えを探すこと。

私たちの脳は、疑問に思ったことがあると無意識のうちに答えを探す性質を持っています。この性質を利用し、**本を使って自問自答を繰り返すことが内容への理解度を深め、記憶の定着率を高めてくれる**のです。

思い出しながら答えていくプロセスが大切

効果が高いものの、慣れるまでは使いこなすのが難しい「しつもん読み」。そこで、ハジェテペ大学の研究チームによる「効果的な質問例」の使い方を4つほど、私の本『週40時間の自由をつくる 超時間術』に当てはめて補足していきます。

1つ目の質問「この本がテーマとしている問題提起は何か？ どんな問題を提示し、どんな解決方法を提案しているのか？」であれば……。

■テーマとしている問題提起

そもそも私たちは時間が足りない、足りないと言っているけれど、本当だろうか。

実は時間が足りないと思い込んでいるだけではないか？　確かめてみると時間は足りている！

■ **解決方法の提案**

焦りを生む原因となっている不安を改善する不安対策、予定を詰め込みすぎず、ゆっくりした時間を持つこと、「時間飢饉《ききん》」を防ぐテクニックなどを提案。メンタルに余裕を持つことで焦りをなくし、生産性を上げることで今と同じ時間で十分な仕事ができるようになる。

これが**「この本がテーマとしている問題提起は何か？　どんな問題を提示し、どんな解決方法を提案しているのか？」**という質問への解答の1つです。もちろん、読んだ人によって印象に残った部分は変わり、答えも変化するでしょう。

繰り返しになりますが、**正解を出すことは重要ではなく、読書を始める前に問題を意識して、読みながら答えを探すことに価値があります。**

続いて、2つ目の質問「この本はどのように始まり、どのように終わったか？」は読んだ後でなければ答えられない問いかけになっています。

この質問に答えることで得られるのは、**本の構成を読み解く力**です。

『超時間術』は、なぜ時間が足りないと感じているのか？　その原因を明かし、次に時間をうまく使うための理論、メンタルトレーニングの方法、そして時間感覚を取り戻すための実践編という3部構成になっています。問題提起、解決法、実践法という流れです。

この構成は多くの実用書、ビジネス書で使われているもの。オーソドックスな構造を知っておくことで、他のジャンルの本を読むときも、流れをつかみやすくなります。

3つ目の「あなたはこの本から何を学びたいか？」は、第2章で紹介した**「メンタルマップ」の簡易版**です。

「自分はこの本から何を学びたいか？」を問いかけることで、本を読む目的がはっきりします。長々と理由を思い浮かべるのではなく、「定時に帰るために何をすべきか、何をやめるべきか」など、ひと言でまとめましょう。

常に得たい知識を意識して読み進めることで、本の内容を深く理解できるようになります。

4つ目の質問「この本が同じジャンルの他の本と似ている部分、違う部分はどこだろう?」は、違いを見出していく過程で内容を思い出すことが重要です。

『超時間術』に当てはめるなら、「時間そのもの以上にストレス対策など、メンタルを整えるテクニックが紹介されていて、心理学の本に近い。他の時間術の本と同じくスケジューリングの方法も紹介されているが、先延ばしを防ぐ秘訣などもカバーされていて実践的」といったところでしょうか。

似ているところは? 違っていたところは? と読み終わった後に内容を思い出し、質問に答える形でアウトプットすること。この作業が大事で、答えが間違っていても問題ありません。

「あだ名」を付けたときのように覚えやすくなる

その他、次の4つの質問は「周囲の人にこの本を勧めるとしたら？」といった視点で読んでいくと、スムーズに質問の答えが出てきます。

11 人に勧めるとき、どの章のどんな情報を一番に取り上げるか？
15 この本を読んでいるときにどんな感覚になったか？
16 この本で最も重要な一文はどれか？ その理由は何か？
17 本の内容を振り返って、自分にとって一番刺さった箇所はどこか？

人に本を勧めるとき、役立つ章を選び、自分に刺さった重要な一文をピックアップし、どんな感覚になったかを自分の言葉でまとめることは、前述の「要するに読み」の訓練にもなります。

また、次の4つの質問は、読後に本のレビューを書くつもりになって読むと答えやすくなり、内容を深掘りしていくこともできます。

6 この本のタイトルは内容と合っているだろうか？　あなたが本のタイトルを付け直すとしたら？

7 この本のキーポイントやコンセプトは何だろう？

8 本の書き出しをチェックして、作者は読者を引き込むためにどんなトピックを展開しているか？

9 本で扱われているビジュアル要素……チャート・地図・ラベル・グラフ・写真・図解から何を学んだか？　それらの要素からどんな種類の情報を得ることができたか？

特にタイトルに関しては翻訳本を中心に「どうしてこのタイトルになったの？」と疑問符のつく邦題が少なくありません。内容と合っているか、どういうタイトルならもっと読者を惹きつけそうか。

あだ名をつけると初対面の人の顔も覚えやすくなるように、編集者的な視点であなたなりの要約としての「タイトル」を考えていくと、楽しみながら本の内容を自分の

9 本で扱われているビジュアル要素……チャート・地図・ラベル・グラフ・写真・図解から何を学んだか？
それらの要素からどんな種類の情報を得ることができたか？

10 著者は読者に対してどう考えてほしいと思っているのだろうか？

11 人に勧めるとき、どの章のどんな情報を一番に取り上げるか？

12 作者はこの本をおもしろくするために
どのような工夫をしているだろうか？

13 作者の主張のどこに賛成できるか？　その理由は何か？

14 テーマを説明するために作者がどのような事例を
出しているのか？　興味深かった例は？

15 この本を読んでいるときにどんな感覚になったか？

16 この本で最も重要な一文はどれか？　その理由は何か？

17 本の内容を振り返って、自分にとって
一番刺さった箇所はどこか？

知識をモノにする
ハジェテペ大学の質問リスト

1 この本がテーマとしている問題提起は何か？
どんな問題を提示し、どんな解決方法を提案しているのか？

2 この本はどのように始まり、どのように終わったか？

3 あなたはこの本から何を学びたいか？

4 この本が同じジャンルの他の本と似ている部分、
違う部分はどこだろう？

5 この本はなぜ重要なのか？

6 この本のタイトルは内容と合っているだろうか？
あなたが本のタイトルを付け直すとしたら？

7 この本のキーポイントやコンセプトは何だろう？

8 本の書き出しをチェックして、作者は読者を引き込むために
どんなトピックを展開しているか？

ものにできるはずです。

「しつもん読み」を行いながら、1冊の本を読むのはなかなか大変な取り組みです。しかし、ハジェテペ大学の研究チームによる「効果的な質問例」をチェックリストのように使いながら、何冊か読んでいくと、受け身ではないあなたから仕掛ける積極的な読み方が身につきます。

質問を意識しながら、自分なりの答えを考えて読むことが負荷の高いトレーニングになるからです。

ポイント

「しつもん読み」なら、要点を絞って読めるようになる。
結果、全体的な理解度が上がり、
人にそのまま話せるほど記憶に残る。

コラム

記憶の定着を促す戦略的な眠り方

読んで得た知識を自在にアウトプットするには、頭に定着させなければなりません。40ページで述べましたが、**私は読書のときにエビデンス（科学的根拠）やテクニカルターム（専門用語）を重点的に覚えるようにしています。**しかし、多くの人は同じ本を読んでもテクニカルタームなど、キーとなるポイントを忘れてしまいます。その結果、読んだ本をうまくアウトプットできずにいるわけです。

読んだのに忘れてしまう。

読みながら、ここが大事だと意識したのに忘れてしまう。

なぜ、こうしたことが起きるのか。そこには脳のある性質が関わっています。

私たちの祖先は狩猟時代、数十人から100人程度の群れを作って暮らしていました。何かを覚えなければならないときも群れ全体で共有すれば済んでいたので、個々が出典の確認やテクニカルタームに当たる「場所」などを示す言葉を記憶する必要がなかったのです。

オックスフォード大学で生物学を専門とするリチャード・ドーキンス博士は、**「人間の脳はアフリカの大草原に暮らしていた頃と大きく変わっていない」**と指摘しています。

人類が草原で暮らしていた当時は、丈の高い草の中で何かの音が聞こえたときに、「あの音は何だ⁉」と考えたり、エビデンスやデータを取って調べ始めたりすると、肉食獣に襲われてしまいます。

当時は条件反射で逃げることが「正解」で、脳もその方向で進化しました。その結果、今も私たちは、データを取ること、エビデンスを確認したりしてロジカルに考えること、使い慣れないテクニカルタームを覚えることが苦手なのです。

本書でくり返し述べていますが、**脳は生死に関わること、生活に根ざしたこと、強**

い感情と結びついたことを優先的に記憶するようにできています。

しかも、現代を生きる私たちは圧倒的な量の情報に触れる環境に生きています。

ネット、テレビ、ラジオ、本など、流れ込む情報が増えれば触れるほど、脳は処理しきれず、**データやエビデンス、テクニカルタームを忘れていきます。これは記憶の容量の限界を超えないよう守るための反応です。**

そして、「正しかった」「間違っていた」「イライラした」「おもしろかった」など、感情の動きを伴う出来事を優先的に記憶していきます。

脳の記憶に関するメカニズムにこうした性質があるからこそ、意識的にデータやエビデンス、テクニカルタームを覚えていくことに価値が生じるのです。

睡眠は、学習時間を50％短縮する

そこで、本のキーポイントを必要なときに、自在に再生できる記憶術を紹介します。それが、**「インターリーピング睡眠」**です。

認知科学の世界では、以前から睡眠が記憶の定着率と密接に関係していることがわかっていました。あなたも「勉強をした後に睡眠を取ると記憶に定着しやすい」「睡眠中に記憶が整理されるので、寝る前に復習すると効率的」といった話を聞いたことがあると思います。

こうした睡眠と記憶の関係を**「睡眠によって学習効果をより高くするためには？」**という問いを立てて調査したのが、フランスのリヨン大学の研究チームです。

彼らは、40人の男女を対象にスワヒリ語を記憶してもらうというリサーチを実施。その際、参加者を2つのグループに分け、勉強の仕方を変えてもらいました。

■ **Aグループ／午前中に勉強して、午後にも勉強して、その後、普通に眠ってもらう**

■Bグループ／午前中に勉強して、一度眠り、その後にもう一度勉強してもらう

A、Bどちらのグループも1日しっかりとスワヒリ語を勉強していますが、Bグループは昼寝を挟んでいるわけです。

その後、全員に覚えた単語のテストを行いました。すると、勉強の合間に睡眠を挟んだBグループはAグループに比べ、単語を多く記憶していただけでなく、想起能力（思い出す能力）も高まっていたことがわかったのです。

勉強と勉強の合間の睡眠ということで、研究チームは「インターリーピング睡眠」と名付け、**「睡眠を取らなかった場合と比べると約2倍の記憶力、想起能力の違いが生じる」と指摘しています。**

ポイントは、勉強が一区切りついたところで

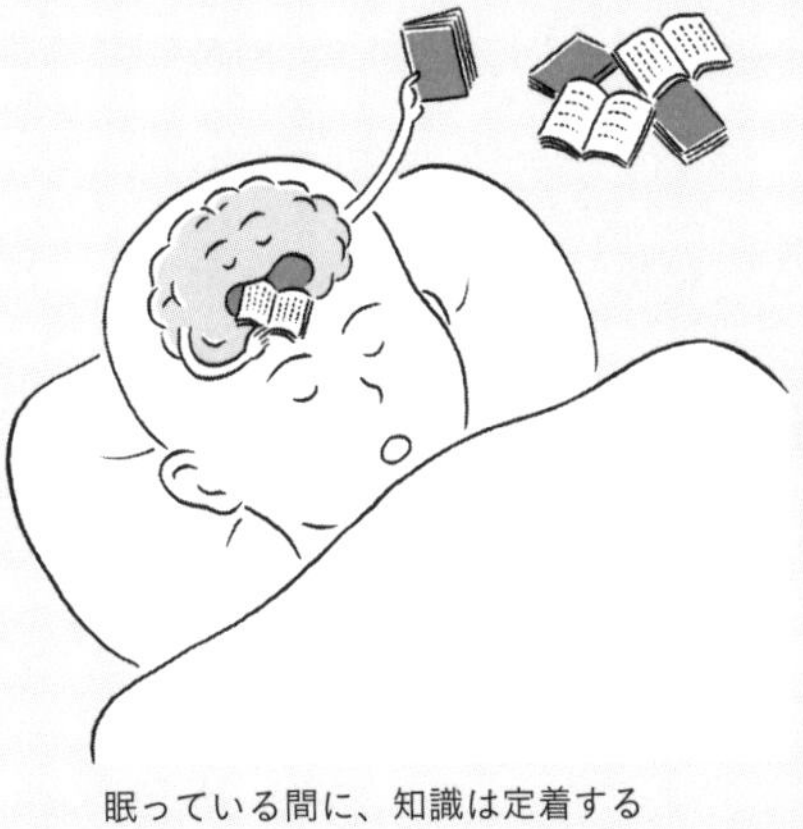

眠っている間に、知識は定着する

眠るのではなく、**中途半端でも時間で区切り、仮眠を取ること。**

インターリーピング睡眠には、1回学んだことを忘れにくくする効果もあります。**読書や勉強というインプットの後に脳を意図的に使わない状態にすることで、記憶が定着しやすくなり、必要なときに応用する想起能力も高まる**からです（ここで言う想起能力とは、記憶したデータやエビデンス、テクニカルタームを必要なときに活用できる能力だと考えてください）。

インターリーピング睡眠を読書に当てはめるなら……。

「この章には重要なデータやエビデンス、テクニカルタームが書かれているから最後まで読み終えてから休憩しよう」

ではなく

「疲れを感じたら切り上げ、眠る。起きてから続きを読み始める」となります。

インターリーピング睡眠に必要な睡眠時間ですが、リヨン大学の実験では90分の睡

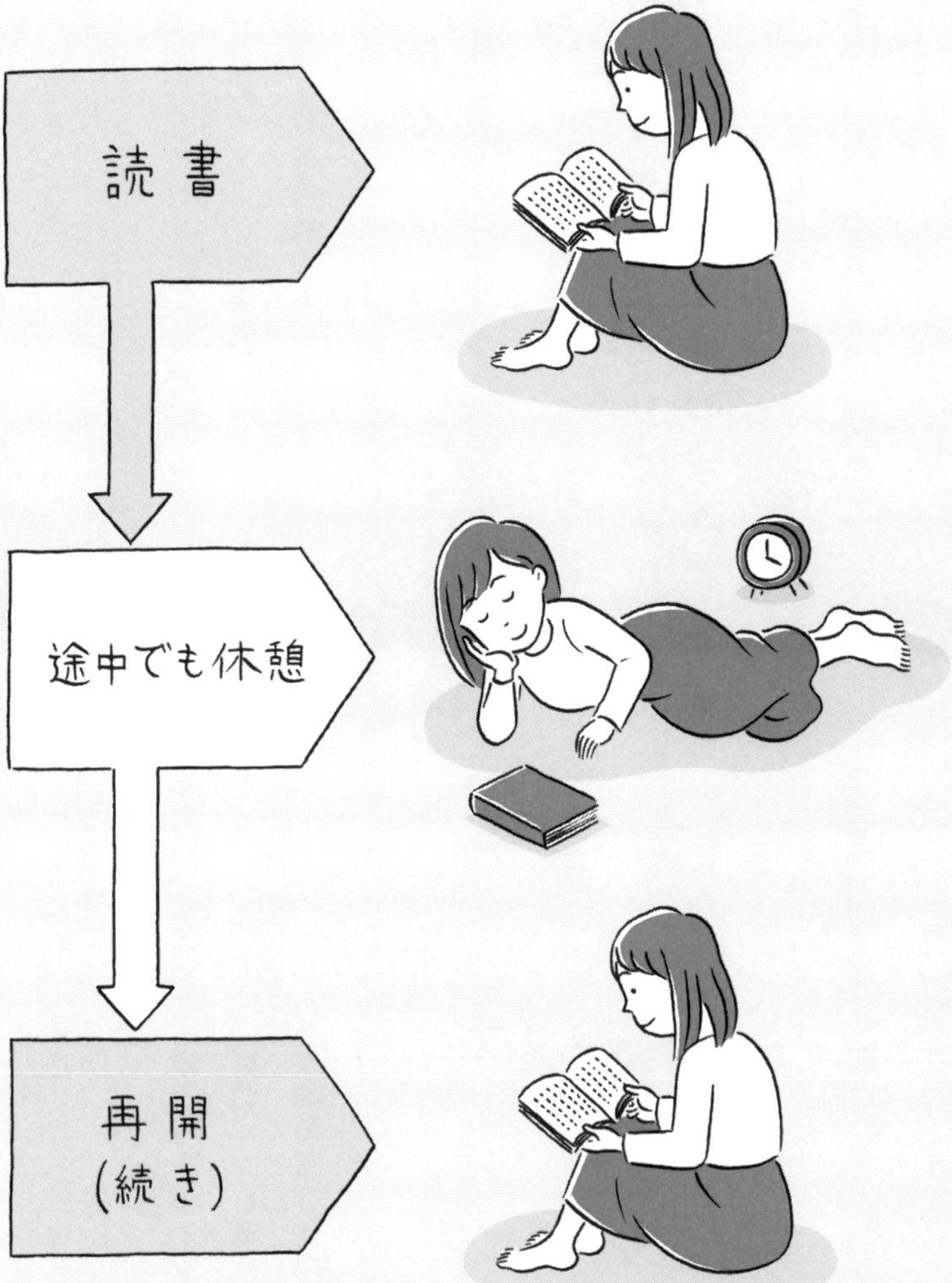
読書
途中でも休憩
再開
(続き)

眠が推奨されていました。しかし、何かと気忙《きぜわ》しい私たちの生活を考えると、なかなか難しい条件です。

無理なく日常生活に取り入れるなら、**夜、眠る前の時間帯に本の中のキーポイントを読む、あるいは要約したノートを見返すなどした後、ベッドへ。翌朝、少し早めに起きて続きを行うというサイクル**にすると、うまくインターリーピング睡眠を活用できるのではないでしょうか。

新たなジャンルの読書を始めるときは、入門書を先に読んでからインターリーピング睡眠を取り、翌日、難易度の高い本に向き合うとスムーズに理解できるようになります。

目を閉じるだけでも、記憶の定着が10％高まる

「インターリーピング睡眠」が効果的なのはわかったけれど、日中に仮眠を取る時間がない。仕事や子育て、介護など、生活サイクルの問題で夜、寝る前の時間を読書に当てることができない。

そんな人のためにもう1つ、記憶を定着しやすくし、想起能力を高める脳の休め方を紹介します。その手法が**「ウェイクフルレスト」**です。**読書や勉強の合間に4分から6分ほど目を閉じて、ボーッと何も考えない時間を作るという方法**です。

何時間もぶっ続けで読書や勉強をするのはすごいことのように思えますが、それは根性で何もかも達成できるという間違った考え方。「インターリーピング睡眠」で述べたように、**脳には休息が不可欠です。**読書や勉強の間に「何もしない時間」を用意しなければ、記憶の定着は図れません。

たとえば、2012年にスコットランドのエジンバラ大学が行った実験があります。研究チームは33人の高齢者を集め、2つの短編小説を読んでもらい、その内容をできるだけ記憶するように指示しました。

そして本を読み終わった後、33人を2つのグループに分け、次のような過ごし方をしてもらったのです。

■ **Aグループ／暗い部屋で10分ほど目をつぶる**

■ Bグループ／本の内容とは関係ないゲームをする

90分後、すべての被験者に対して「できるだけ細かくストーリーを思い出してください」と指示したところ、**ウェイクフルレストを実践したAグループの記憶の定着率のほうが10％高いことがわかりました。**

しかも、その傾向は1週間後の追試でも確認されたのです。

研究者は「学習後の最初の数分に何をするかで、新たな情報が定着するかどうかが決まる」と指摘。実験でゲームをしたように、本を読んだ後、すぐにテレビを見る、仕事をするなど、別の作業を行うと、記憶の定着を妨げることになります。

逆に一定時間、情報のインプットを遮断すると、脳への記憶の定着が促進されるのです。

インターリーピング睡眠にしろ、ウェイクフルレストにしろ、脳を休める時間を取らない人は懸命に努力しているようで、実は読書でも、勉強でも、仕事でも成果が出にくいルートに入ってしまっています。

受験の世界では「四当五落」と、睡眠時間を削って勉強した人が合格すると言われてきましたが、確実に逆効果です。

難易度の高い本を読むときほど、ウェイクフルレストを意識しましょう。**休憩を取ることで、読んだ本を使いこなせるようになる**のです。

認知機能に関する複数の研究でも、**目を閉じ、安静にしているだけで脳の認知機能が向上、集中力も回復する**ことがわかっています。

私も読書の合間にノイズキャンセリング機能のあるヘッドフォンを付け、6分間目を閉じ、瞑想。日々、ウェイクフルレストを実践しています。

暗いところで目を閉じるだけでも、
知識が定着する効果がある

第4章

知識を
自在に操る
3つの
アウトプット

頭の良さは、説明力で決まる

ドイツ生まれの理論物理学者アルベルト・アインシュタインは、こんな言葉を残しています。

「6歳の子どもに説明ができなければ、理解したとは言えない」

(If you can't explain it to a six year old, you don't understand it yourself.)

この名言は読書にも当てはまります。本は読んで終わりではありません。そこで得

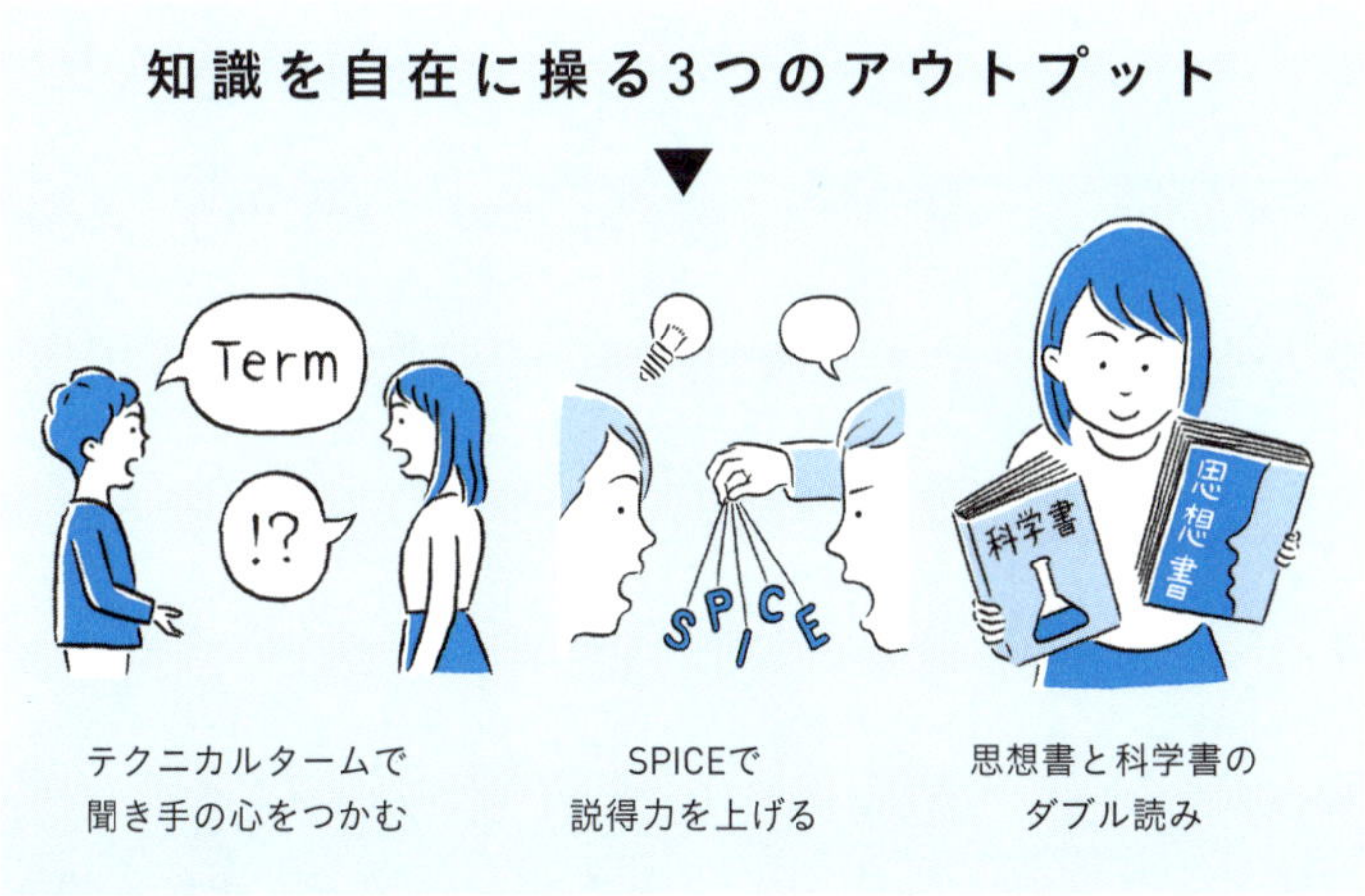

た知識、情報とあなたの知見をかけ合わせ、実生活に反映させてこそ、多くの本を読む意味があります。

ポイントは、次の2つです。

■ **本から得た知識を定着させ、あなたや周囲の人のために役立てること**

ワシントン大学の実験によると、実際に人に教えたかどうかは重要ではなく**「教えるつもりで読む」だけで記憶への定着率が28%上がることが判明しています。**アウトプットを想定しない読書は、自分はわかっているると思い込んでいるに過ぎません。自分の言葉に落とし込めていない記憶はすぐに消えていきます。

人に説明できるチャンスは、積極的に作っていきましょう。

■ **読んでいて、「これはいいな」と思った方法を実践し、習慣化すること**

きちんと書かれた古典のようなテキストを丁寧に読み込みながら、著者の思考のプロセスを追体験すると、思考力が高まります。

また、スポーツでも芸事でも同じですが、うまい人に教えを受ければ上達も早いもの。思考力を高めるには、古今東西の名著に触れ、そこで語られる内容を実践し、習慣化することが早道です。

第4章では、この2つのポイントを実現し、読んだ本を役立てるための3つのテクニックを紹介します。

アウトプット1

テクニカルタームで聞き手の心をつかむ

私のトークの手の内を公開

私が本を読んできたことで一番得をしていると感じているのは、説明能力が大きく伸びたことです。

聞き手の知識量に合わせて、わかりやすい言葉で説得力のある発言ができるようになったこと。これがメンタリストとしてテレビでパフォーマンスを見せていたときも、講演をするときも、日々の動画配信でも、私を支えてくれています。

説明能力と説得力を高める方法は、非常にシンプルです。

演出として、**最初にいわゆる専門用語、テクニカルタームをポンと短めに投げかけましょう**。すると、聞き手の頭の中に**「その言葉は何だろう?」**と疑問が浮かび上がります。

その答えを、わかりやすい「たとえ」とともに解説。すると、説得力のある発言となるのです。

専門用語で相手の耳を開かせる

この手法は、人類史上最高のベストセラーである聖書でも使われているテクニックです。

「汝右《なんじ》のほおを打たれたなら、左のほおを差し出せ」

これは新約聖書の「マタイによる福音書」第5章に登場する、有名なイエスの言葉です。実は、この「汝右のほおを打たれたなら、左のほおを差し出せ」が、イエスの考えを示唆するテクニカルタームになっています。

この言葉に触れた人は、「なぜ、右のほおを打たれたのに、左のほおを差し出さなければならないの？」「どうして、やり返さないのだろう？」「イエスは、なぜこう言ったのか？」と疑問に思います。

聖書ではその後、その疑問に応える形で「教え」が続いていく仕掛けになっています。

つまり、**周囲の人の関心を引きつけ、興味を持ってもらい、話に耳を傾けてもらうために必要なのは、知識の量ではなく、説明能力なのです。**

ちなみに、このイエスの言葉の真意は「汝の敵を愛せ」と同様に「敵を許し、仕返しをするな」という教えだとされ、「非暴力、不服従」を説いたガンジーにも大きな影響を与えたと言われています。

このように、**読んで理解したテクニカルタームを使いこなし、聞き手に合わせてわかりやすく言い換えることができれば、読んだ本を効果的に役立てることができます。**

たとえば、ネットでの炎上騒ぎがあったとき、あなたが「炎上させているヤツは、心が貧しいヒマなヤツだ」と断言しても聞き手の心には刺さりません。
「そうかもな」と理解してくれる人はいても、あなたの指摘に共感してくれる人はいないでしょう。
しかし、心理学の本で仕入れたテクニカルタームを使って、こんなふうに話したら印象はがらりと変わります。

「人間には『シャーデンフロイデ』という感情があります」

(シャーデンフロイデ？)

「シャーデンフロイデとは、ドイツ語で『他人の不幸は蜜の味』と感じる心の動きのこと。『加害の喜び』とも訳されます。ネット上で著名人の発言が炎上し、匿名の人々から叩かれるのは、彼らが他人を貶《おとし》めることを楽しんでいるから。他人の不幸を目にして、自分の立ち位置が高まっているように感じるからです」

(他人の不幸は蜜の味か……その感情、自分にも心当たりがあるな)

「しかし、自分が高いところに上がったというのは錯覚に過ぎません。ですから、シャーデンフロイデの傾向が強くなればなるほど、その人は社会から孤立します。それはまるで、自分の周りの地面に穴を掘り、周囲を穴だらけにして、その場から動けなくなるようなもの。最終的にネットの世界でも居場所がなくなり、動けなくなったことに気づいたとき、苦しむのは本人です」

（なるほどな）

テクニカルタームや「たとえ話」を使った説明能力を鍛えたいならば、専門書をわかりやすく解説している解説書、入門書を読むことをオススメします。

専門家が一般の人向けにテクニカルタームを解説していますから、どういう言い回しをすればわかりやすく、伝わりやすいのか。どう切り出すと、聞き手の頭の中に「？」を浮かべることができるかが見えてきます。

そこにわかりやすい「たとえ」をプラスする。これで、あなたの説得力は劇的に変わります。

出典やデータを加えると、意見を通しやすくなる

テクニカルタームに加え、さらに説得力を増す言い方にしたいなら、**出典やデータを盛り込みましょう。**

「カリフォルニア大学バークレー校の○○教授によると……」「コロンビア大学の研究チームの実験結果から、○○というデータがあります」といったイメージです。

たとえば、あるインタビューで恋愛に関する話題が出たとき、私はこんな話をしたことがあります。

「シカゴ大学が2万人の対象者の協力を得て行った研究では、ネット上で出会ったカップルは幸福度が高く、離婚する確率も25%低いというデータが出ています」

ここで重要なのは自分の意見として、「最近はネットでの出会いでうまくいくカップルが増えているらしいよ」と語らないことです。

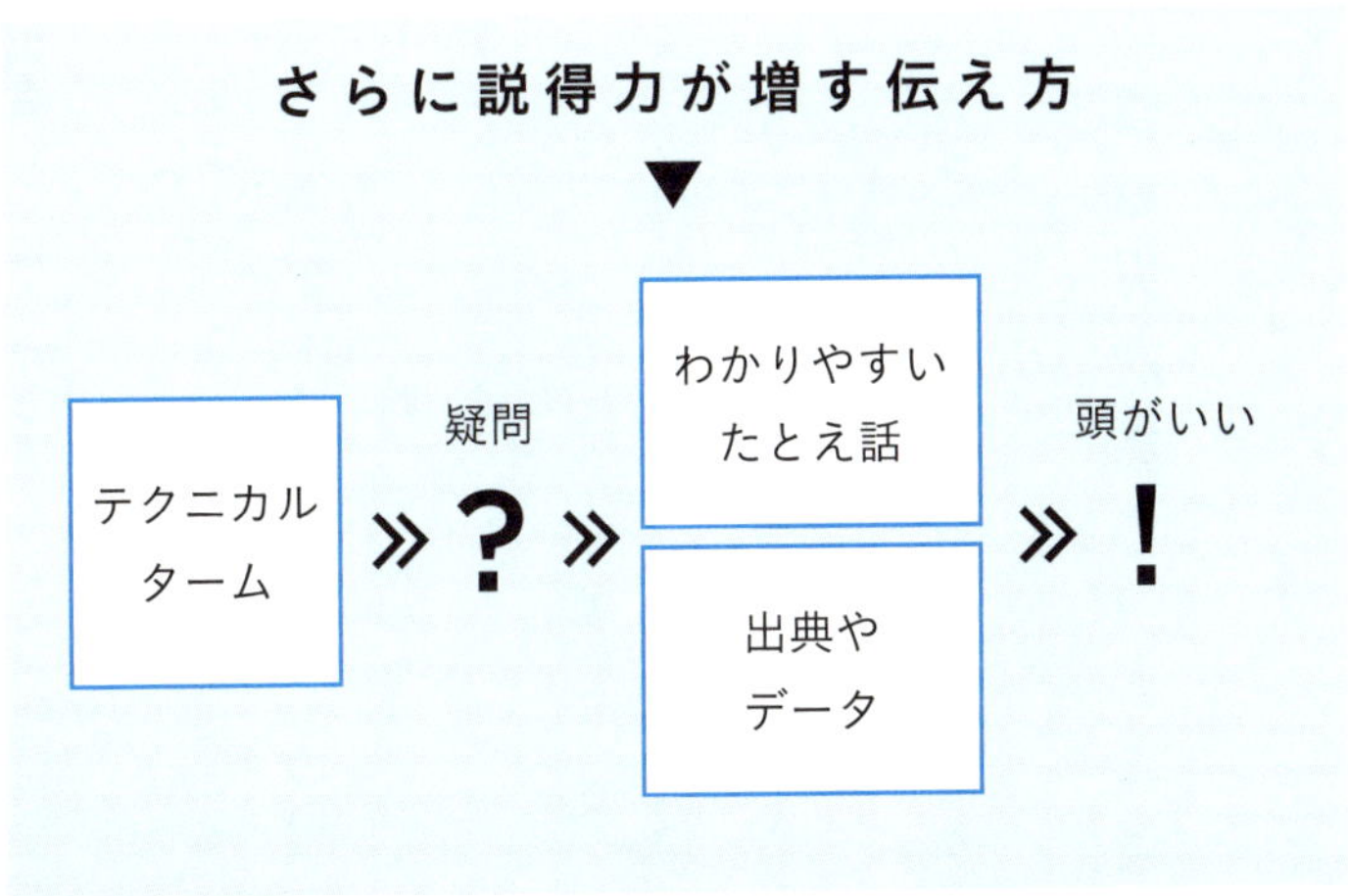

自分の意見として語れば、聞いた相手は「そうは言っても世代によって違いがあるだろうし、結局は1対1で顔を合わせて始めないと恋愛はうまくいかないでしょう」と感覚的に反論するかもしれません。

しかし、2万人の協力を得た大学の研究データを紹介するだけならば、それは自分の意見ではありません。**もし仮に反論されたとしても、痛手はなく、こんなふうに受け流すこともできます。**

「たしかに世代の差はあると思います。ただ、シカゴ大学の研究を見ると、事前にメールやメッセージをやりとりすることで互いの人柄への理解が深まる分、ネットでの出会いのほうがうまくいく可能性が高いと感じる人が増えているようです」

あるいは、まったく逆の結果を示しているデータを反例に出し、「ネットによって出会いのハードルは下がったものの、うまくいくかどうかはカップル次第。恋愛の難しさは、いつの時代も変わらないのかもしれません」と相手を立てながら話をまとめることもできます。

つまり、**本から得た知識、データ、テクニカルタームをきちんとアウトプットに役立てることで、スマートな印象を残すことができる**のです。

このようにより理解を深めるために、私は「『早く行動をしたほうがチャンスをつかめる』と言われる一方で、先延ばしするとかえってうまくいくこともある」などの「対立する意見」を集めるような読み方もしています。

読み方次第で、人に説明できるほど頭に入る

先ほどのシャーデンフロイデについて言うと、こんなふうに続けることができます。

脳科学や心理学に詳しくなくとも、この複雑な感情がストンと伝わるのではないでしょうか。

「アメリカのエモリー大学の研究チームが、過去30年の研究論文をレビュー。シャーデンフロイデには3つのパターンがあることを心理学誌に発表しました。」

その3つとは、次のパターンです。

1．区別系

自分が所属しているグループを正当化するために他人の不幸を喜びます。スポーツイベントで応援していないチームが負けること、ライバル選手のミスを大喜びするなど、こちらの集団とあちらの集団を区別し、自分が属していない側を徹底的に叩きます。

いじめが見過ごされるのも区別系のシャーデンフロイデの影響です。自分たちのグループではない人がひどい状況になっていることで、**「あっちと違って、こちらは安**

全だ」と考えるのです。

2. 競争系

自分よりもうまくやっている人に対する嫉妬の感情から、他人の不幸を喜びます。ネット炎上の原因となっていて、著名人の失態を必要以上に叩きます。これは嫉妬するほどうらやましいと思っている人が没落していくのを見て、いい気分になっていくからです。

自分の位置を上げていって追い抜こうとするのであれば「正しい競争」ですが、**競争系のシャーデンフロイデは単なる現実逃避であり、本人は何も変わっていません。**自分はひどい環境にいるのに、空を飛ぶきれいな鳥が落ちたのを見て喜んでいるようなものです。

3. 正義系

正義系は最も質《たち》の悪いシャーデンフロイデです。他人が不幸になっているのを喜んで叩いているにもかかわらず、「これは正義のためなんだ!」とすり替えます。

「正義」は、状況や文脈によって変わります。絶対の正義はありません。しかし、正義系シャーデンフロイデの傾向が強い人は、**「自分は正義のために他人を叩いている」と考えるので、歯止めがかからない**のです。

私はここまで書いたシャーデンフロイデに関する説明を何のメモも見ずに即興で話すことができます。

すると、「どうしてそんなにたくさんの専門用語を覚えていられるんですか？」「何も見ずに話せるのはどうしてですか？」と、半ば呆れたような表情で聞かれることがあります。

答えは簡単で、私は第3章で紹介した読み方を実践し、テクニカルタームを中心に覚えるよう心がけているからです。

読んだ本を役立てるうえでポイントとなるのは、「みんなが覚えていないことを覚え、アウトプットに使うこと」です。

シャーデンフロイデについて書かれた本を読み、「『他人の不幸は蜜の味』という感情、自分にもあるな」という感想を持ったとしましょう。それを誰かにアウトプットしても「わかる、わかる」と頭で理解してもらうことはできても、「なにそれ？」と食いついてもらうことはできません。

ところが、シャーデンフロイデというテクニカルタームを覚えておくことで、一般的な感情である「他人の不幸は蜜の味」の話が意外性を帯び始めます。

つまり、みんなが覚えていないテクニカルタームを覚えていることで、**「この人はすごい知識がある」**という演出効果が得られるのです。

ポイント

みんなが知らないテクニカルタームは、
スマートに人を動かすキーフレーズ。
伝え方ひとつで、10の知識は100にもなる。

アウトプット2

SPICEで説得力を上げる

悪用厳禁！
NOをYESに変える
人たらしの説得術

読んだ本をアウトプットするうえで、記憶を定着させることとあわせて重要なのが、説明能力と説得のテクニックです。仮に100の知識を持っている人がいても、説明が下手なままでは2や3しか伝わりません。

テクニカルタームの使い方で示したように**説明がうまい人は、10ある知識を状況に応じて使い分け、100あるように見せることができます。**

「説得」と聞くと、多大なエネルギーを使って相手を説き伏せるようなイメージを持つかもしれません。しかし、ここで言う説得とは、コミュニケーションによって相手の心や態度を動かすこと。説明し、理解や共感を得た後、相手の心や態度をあなたの望む方向へ向けてもらうのです。

私はメンタリストとしてのパフォーマンス以上に、ビジネスのプレゼンテーションに自信を持っています。その効果もあってメディアへの出演を抑え、自由な時間を増やしながら、好きな仕事だけをする生活を手に入れました。

あなたも読書を習慣化し、説得の技術を磨くことで、日常生活の中の自由を広げていくことができます。

心を撃ち抜くメッセージは、この5つ

そこで、説得に必要な要素をまとめた非常に優れたテクニック「ＳＰＩＣＥ」を紹介します。これは「社会的影響」や「サイコパス」の研究の専門家で、オックスフォード大学教授の心理学者ケヴィン・ダットン博士が**「人をその気にさせる説得の公**

人をその気にさせるSPICEの公式

▼

- **S** implify（単純化）
- **P** erceived self-interest（私的利益感）
- **I** ncongruity（意外性）
- **C** onfidence（自信）
- **E** mpathy（共感）

式」としてまとめたものです。
その公式は、上の5つの要素で成り立っています。

サイコパスはネガティブなイメージで語られることが多い存在ですが、ダットン博士によると、サイコパスには感情を自在に操る特性があるそうです。彼らは、**必要があれば自分の感情を無視し、相手の共感を得るための話し方に徹することもできます。**

そんなサイコパスの研究から導き出された説得力を増す話し方のポイントが、上の5つのテーマです。これらを話の中に盛り込むことで、相手に強い印象を与えつつ、うまく説得することができるようになります。

「S＝Simplify（単純化）」は、相手に伝えたいことをできる限り単純なメッセージにまとめることです。

身近なところで言うと、S＝Simplifyは選挙戦で使われています。

たとえば、アメリカの大統領選挙では各候補がシンプルなキャッチフレーズを掲げます。トランプ大統領は**「アメリカをもう一度、偉大な国に（Make America Great Again）」**と言い、オバマ元大統領は**「私たちにはできる（Yes, We Can）」**と連呼し、大統領選を勝ち抜きました。

私たちの脳は単純さを好み、メッセージがシンプルであればあるほどスムーズに理解します。

日本でも小泉純一郎元首相が「自民党をぶっ壊す！」「聖域なき構造改革！」というメッセージを発して、圧倒的な支持率を集めたことがあります。

本から得た知識を誰かに話すとき、誰でもわかるくらい単純化して言い換えることを意識しましょう。

あれもこれも説明しなくては……と言葉を重ねれば重ねるほど、聞き手はあなたの話から関心を失っていきます。

「P=Perceived self-interest（私的利益感）」とは、聞き手の利益になるような言い方をすることです。

本を通じて何かを学び、それが役立つものだと感じているとき、あなたは興奮して「すごい本でね。あんなこともこんなことも書いてあるんだよ」と「聞いて、聞いて」という状態で身近な人に語りかけてはいないでしょうか。

残念ながらそのスタンスでいくら有益な話をしたとしても、相手の心には響きません。大事なのは、あなたの仕入れた知識の素晴らしさではなく**「それが相手にどう役**

Simplify（単純化）は、
選挙キャンペーンにも使われている

立つか」を語ることです。

「この間、仕事で使う資料を探していたでしょう？　ぴったりの本をみつけたよ。経済を変えた１００の発明を紹介していて、切り口が本当にユニークなんだ」

「最近、歴史に興味を持ち始めたと言っていたよね？　わかりやすくて、おもしろい実用書があったよ。歴史上の出来事を擬人化したイラストが秀逸で、記憶に残りやすいんだ」

「僕も投資を始める前、10冊くらい関連本を読んだけど、その中ではこの本が一番参考になった。実際、3年ちょっと株式投資をしてみても、この本には基本が網羅されていると思えるから、読んでみたら？」

話の内容の質や正当性よりも、**「あなたが得をします」**というメッセージがなければ人は納得してくれません。

「I＝Incongruity（意外性）」は、意外な事実に相手の注意が向いているうちに説得

してしまうというテクニックです。

たとえば、あなたが男性だとして、恋人があなたのパソコンやスマホの中にアダルトな動画が保存されているのに気づいたとしましょう。恋人は不快に感じ、あなたに「どうしてこんなものを見るの？」「削除して！」と怒りをぶつけました。

多くの場合、男性はオタオタと慌てながら動画を削除し、恋人に謝り、なんとかその場を切り抜けようとするはずです。

しかし、**知識に裏打ちされた「意外性」を武器にすれば、こんなふうに恋人を説得することができるかもしれません。**

「知っている？　アメリカで行われた恋愛に関する研究で、『週に２時間アダルトビデオを見る男性は、パートナーのことを非常に大切に考え、２人の時間を大事にしている傾向がある』と証明されているんだよ」

こんな切り返しをされると、恋人の頭の中は「え？」となります。

このクエスチョンマークこそが、勝機です。テクニカルタームのときと同じく、エビデンスへの自信を見せつつ、さらに恋人への愛情を感じさせる誠実さも乗せながら、語りかけましょう。

実際、この研究ではアダルトビデオを好きな人が2人の時間を大事にしているのか、2人の時間を大事にしている人がアダルトビデオ好きなのかは明示されていません。

しかし、そこには触れず堂々と、こう言い切りましょう。

「だから、僕のようなタイプの男性は、パートナーとして悪くないということなんだ」

次に紹介する**「C=Confidence（自信）」は、「I=Incongruity（意外性）」と組み合わせると説得力が増していきます。**

「C=Confidence（自信）」による説得には、**「ハロー効果」**が深く関わっています。

ハロー効果とは、私たちは対面している相手の全体的な印象を目立つ一部の特徴によって決めてしまう心理のこと。簡単に言えば、**ずば抜けて良いところがある人に出会うと、その好印象が強く心に残り、「この人は何でもできそう」と思ってしまうの**

です。

たとえば、英語がペラペラな人は仕事ができそうだと思われ、字がきれいな人は礼儀が正しそうな印象を持たれ、プレゼンでテクニカルタームを効果的に使える人は「賢そうだ」と内容への信頼感が増していきます。

しかし、実際は目立つ特徴と本人の全体的な能力には関連性がありません。それでも人間は、ハロー効果の影響から逃れられないのです。

心理学者ソーンダイクが行った軍隊の上官に部下の評価をさせるという実験では、部下の目立った特徴と評価との間に強い相関関係が表れました。上司や親、同僚や友人はあなたの「目立った特徴」をもとに、評価の大部分を決めているのです。

「C= Confidence（自信）」では、ハロー効果を利用します。**説得のポイントはただ1つ、自信満々に語ることです。**

本から学び取った知識を自分が相手に伝えたいメッセージと結びつけ、「S= Simplify（単純化）」して投げかけましょう。

一点集中して「目立った特徴」を演出することで、聞き手は集中して耳を傾けてくれます。人間の集中力には限界があり、プレゼンなどで複数のメッセージを伝えようとすると印象がぼやけ、「何が言いたかったのかわからない」「記憶に残らない」という状態が起きてしまいます。

また、語り手側も多く情報を伝えようとすると、覚えることが多く不安を抱えながら話すことになります。

「大事なデータを忘れたら……」
「キーとなるテクニカルタームを間違えたら……」
「途中で相手が飽きてしまったら……」

こうした不安は緊張を呼び、自信を揺るがせます。だからこそ、「S＝Simplify（単純化）」してメッセージを絞り込む必要があるのです。

私はこの作業を習慣化しているので、プレゼンでも講演でもメディア出演でも緊張することがありません。なぜなら、その場その場で伝えたいことは１つだけと決めているので、他の部分で多少ミスがあっても気にならないからです。

伝えたい「たった1つのこと」が伝わればいい。完璧にやる必要はない、と。

割り切って話すことが自信につながり、説得力が増していくのです。

「E= Empathy（共感）」は、共感を入り口に相手を説得します。本書ではくり返し、感情を伴った出来事は記憶に残りやすいという脳の仕組みに触れました。

これは説得の場面でも同じで、相手が「わかる、わかる」と共感していると、あなたのメッセージはスルスルと伝わっていきます。なぜなら、人は目の前の相手に共感しているとき、論理的な思考よりも感情を優先させるからです。

では、どうすれば相手の共感を得ることができるのか。

そのためには適切な質問で、相手の気持ちを探る必要があります。

たとえば、悩みの相談に乗っているとき、「どうして、そこまでこだわるんですか？こだわりの理由があるなら、こっそり教えてもらえませんか？」と疑問を投げかけてみましょう。

あるいは、「その意見にこだわるのは、どんな出来事があったからなんですか？」と背後にあるストーリーを聞くのも効果的です。

どちらの問いかけでも、相手の悩みの中心にある感情や出来事を聞くことができます。その感情や出来事に対して、あなたが先に共感を示します。**すると、相手の心にもあなたへの共感が生じるのです。**

お互いへの共感という土台ができたら、「S＝Simplify（単純化）」と「P＝Perceived self-interest（私的利益感）」と「I＝Incongruity（意外性）」を意識したメッセージを発信しましょう。

説得率82％の表現方法とは

聞き手を説得しようとする際、大事なことは勇気を持って伝えたい内容を何度も繰り返すことです。**現代広告の父と呼ばれるデビッド・オグルヴィも繰り返しの重要性について述べています。**繰り返すことで、信憑性が増し、影響力が上がることは幾多の研究が明らかにしています。

たとえば、心理学者ウィルソンの実験によれば、相手を説得する際にキーとなるメッセージを2〜3回繰り返すと、説得率が46％上昇することがわかっています。これでもかなりの効果ですが、「相手に飽きられるのでは？」と心配になるくらい繰り返すと、より効果的だという結果が出ています。

というのも、**実験ではメッセージを10回繰り返すと、説得率が82％まで上昇したのです。**

プレゼンや会議でももちろんのこと、通常の会話でも共感からの繰り返しを意識しましょう。

ただし、繰り返されるフレーズがまったく同じだった場合、3回目以降は説得効果が下がることもわかっています。

伝えたいメッセージの表現を変えることで、説得力が上がる

繰り返しを使うときは、**内容が同じでも言い回しのバリエーションを変えるよう心がけましょう。**

ちなみに、**共感能力を鍛えるには読書が役立ちます。**

トロント大学の研究では、小説を読む量が多い人ほど、他者の心の状態を読むテストの成績が良かったという結果が出ています。

これは、登場人物の微妙な心情の変化などが描かれている作品を読むことが、「この人はどうしてこういうことを考えたのかな」と、その気持ちを理解しようとするトレーニングになるからだと考えられています。

小説、特に主人公の一人語りで展開する私小説は、登場人物の気持ちを追いながら共感能力を発揮して読まないと内容を把握できないケースがあります。つまり、**読みながら登場人物に感情移入することによって自然と共感能力が鍛えられる**、というわけです。

「こういうことじゃないかな」と登場人物の感情を推測し、ストーリーの展開の中で答え合わせをする……。共感能力を鍛えたいなら、1日30分ほど私小説をゆっくり読む「スローリーディング」をオススメします。

本の読み方を身につけ、説明能力を高めていけば、**あなたは周りの人を説得できる**ようになります。

ポイント

人を動かす５つのトリガー（引き金）で、仕入れた知識を料理しよう。

アウトプット3

思想書と科学書のダブル読み

古典で真理を学び、
新刊で表現を学ぶ

説明能力を高めていくためには、説明の土台となる知識や考え方をインプットする必要があります。そこで、オススメしたい方法が**「古典」を繰り返し読むこと**です。

世にある本を大別すると「思想書」と「科学書」に分かれます。そして、それぞれに「古典」と「新作」があります。

私は第1章で「良書を選ぶ難しさ」を指摘しましたが、古典は例外です。読みやすい文章で書かれた本ではないことが多いですが、古典には長い年月読み継がれてきた知恵が詰まっています。

私は今も1日10～20冊の読書を続けていますが、「本当に役立つ本を教えてください」と言われると、候補として思い浮かべるのは古典と呼ばれる本になります。

ただし、**科学書は古典よりも最新の本を追いかけましょう**。基本的に「新しいものが正しい」のが科学書です。たとえば、遺伝学や生物学を学ぶ人のうち、『種の起源』のようなかつての名著で今も学んでいる人は少数派でしょう。科学とは、更新されるものだからです。

反対に、**古いほうが正しい、古いほうを読むことが判断として正しいのが「思想」を扱った古典になります**。

ビジネス書や自己啓発書の古典としては、ナポレオン・ヒルやデール・カーネギーなどの著作が挙げられます。哲学も、思想の分野なので、古典になります。これも廃《すた》れません。思想を扱った本は、20年や30年ぐらいでは古びれないのです。

思想や哲学のエッセンスは、現代にも生きています。古典を知ったうえで新刊のビジネス書や自己啓発書を読むと、「あの古典を抜粋したり砕いたりしているな。あの本とあの本とあの本を足して3で割っているな」などと発見があります。

科学書は最新のものを追っていけばいいのですが、思想や哲学に関してはなかなか最新のものが出てきません。ある程度完成されているのではないか、というのが私の印象です。

評価の定まっていない本を読むよりも、**古典から古びることのない「真理」を学ぶほうが効率よく知識を習得することができます。**正直に言ってしまえば、ビジネス書の新刊を100冊読む時間があるのなら、古典に向き合ったほうが得られるものは多いはずです。

私を鍛えてくれた選りすぐりの本たち

かつての私は、ビジネス書や自己啓発書もたくさん読んでいました。

「今は読まないのか?」というと、そんなことはありません。ただ、読む理由が変化していて**「どの本が売れているのか?」というマーケティング的な視点やアウトプッ**

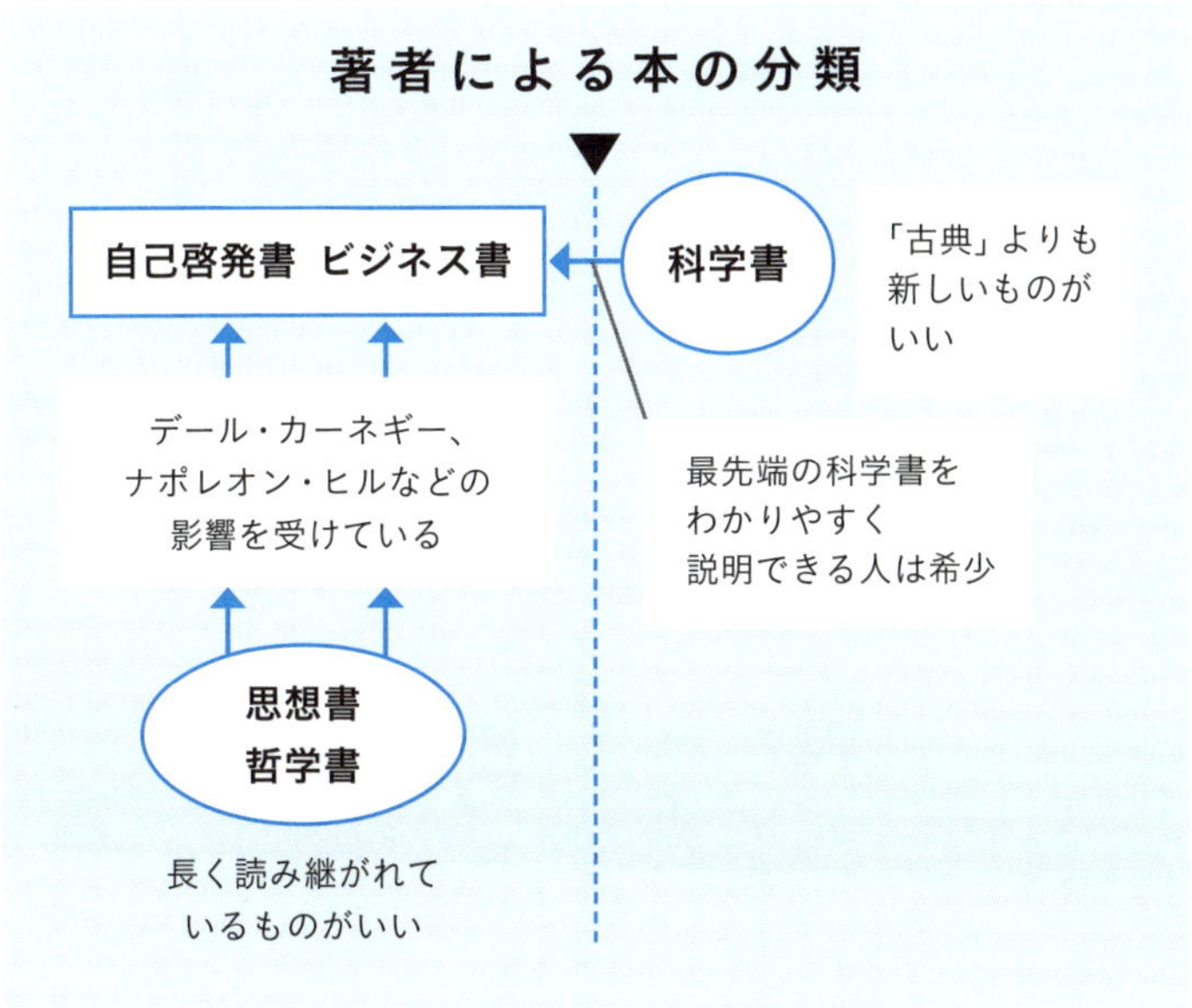

トで役立つわかりやすい言い換えなどを学びたいからです。

ただし、基礎知識を養うという観点からは、古典か科学書、最新科学から入ったほうが、成長のスピードが速いでしょう。

古典に触れることは、地域、言語、歴史、文化の異なる人間とつきあう訓練にもなり、人としての幅を広げてくれます。

そんな「古典」の例を挙げましょう。

ビジネスの戦略なら、『孫子』

リーダーシップなら、『君主論』
経済学なら、『国富論』
自己啓発なら、『人を動かす』
心理学なら、『ヒルガードの心理学』
社会心理学なら、『影響力の武器』
行動経済学なら、『世界は感情で動く』
マネジメントなら、『マネジメント』
マーケティングなら、『ザ・コピーライティング』
交渉についてなら、『世界最強の交渉術』
顧客心理なら、『シュガーマンのマーケティング30の法則』
脳科学なら、『脳を鍛えるなら運動しかない！』
バイアスについてなら、『ファスト&スロー』

このようにオススメを挙げていくと切りがありませんが、私にとって本棚に残しておきたい本は最新科学の本と論文、長く生き残っている古典です。

知識や考え方の土台を作る本を選ぶとしたら、**「成人式を迎えた本」を１つの基準にするといいかもしれません。**

出版されてから20年たっても店頭に並んでいる本、版を重ねている本、新装版、完全版、改訂版が出ている本。企業でも創業から10年以上続くと信用度が増していきますが、本にも同じことが言えるのです。

哲学者のアルトゥル・ショーペンハウアーは、古典の素晴らしさについて、**「わずか半時間でもそれを手にすれば、ただちに精神はさわやかになり、気分も軽やかになる」**という言葉を残しています。

加えて、ショーペンハウアーは、読んだ本が理解できないのは「読み手ではなく書き手の責任だ」とも言っています。難しい古典に向き合ったとき、自分の学力や読解力が不足しているとヘコみがちですが、そんなときはショーペンハウアーの言葉を思い出しましょう。

とはいえ、古典に難解な作品が多いのは事実です。

読み慣れていないうちは、古典の解説本から入るといいでしょう。

解説本をいくつか読み、著者の人となり、本の主要テーマ、書かれた時代背景、読者にどんなインパクトを与え、世界がどう変わったかといったサイドストーリーを頭に入れてから、興味があるものを読み始めましょう。

第1章でも触れましたが、経済学者のタイラー・コーエンは、「読めば読むほど、1冊あたりの情報の価値は低下する」とも言っています。

読むべき本がない、という域に達したときに、改めて読み返したくなるのも古典です。

難解な古典を血肉にする3ステップとは

古典など、あなたにとって難しいと感じる本を読むときに大切なのは、一度で読み切ろうとしないことです。

知識をモノにする３ステップ

▼

スキミング

重要だと思った箇所＋その理由をメモする

再　読

重要な箇所を精読する

再々読

「要するに読み」（158ページ）で、重要な箇所を自分の言葉でまとめる

スキミング、再読、再々読のステップを踏みましょう。

まずは「スキミング」で全体を拾い読みしていきます。

そして、重要だと思った部分にチェックを入れ、メモやノートに**「なぜ重要だと思えたか？」の理由を書いておきましょう**。また、知らない単語、理解できなかった部分についても書き出します。

続いて、再読です。

重要だと思えた場所を精読。知らない単語を調べたうえで該当箇所を読んでみます。

あわせて、理解できなかった部分を読

み込み、何がよくわからないかを考えます。このとき、**文章の中の結論部分、結論の前提部分を探すと、わからなさが軽減されます。**

ちなみに、第1章39ページでも述べましたが、結論部分は「しかし」「つまり」「それゆえ」などの接続詞以降に続くことが多く、結論の前提部分は「なぜなら」「のように」「なので」といった接続詞の後に述べられる傾向があります。

最後に再々読です。

今度は、他の人に説明することをイメージしながら重要だと思えた場所、理解できなかった部分を重点的に精読。締めくくりとして、第3章で紹介した**「要するに読み」で古典の読書メモを作りましょう。**

そのメモはあなたにとって1つのジャンルへの理解を深め、考え方の柱となっていくはずです。

現代とは時代背景がまったく異なる古典が、なぜ、私たちの役に立つのか。それは人間の行動を司る脳が進化していないからです。

私たちの喜怒哀楽には、変わりがありません。時代がどう変化しても、人間同士の関係で社会が形作られている以上、古典が教えてくれる知恵は色あせないのです。

ポイント

時代を超えて読み継がれてきた思想書と最先端の科学書を読み込み、アウトプットを深めよう。

コラム

なぜ私は歩きながら本を読み続けるのか

第4章の最後にサポートテクニックとして、読書の質を高めるための「運動」をオススメします。

本を読む気力がなかなか湧いてこないとき、あるいは長時間の読書で疲れを感じたときは、体を動かしましょう。

では、どのくらいの負荷をかければいいのかというと、イリノイ大学の研究によって、**20分の軽いウオーキング**で脳の活動が向上することがわかっています。

やる気が出ない、なんとなく頭が働かないと感じたら、散歩でも買い物でもいいので20分歩きましょう。すると、**脳由来神経栄養因子（BDNF）が分泌されます。**これは簡単に言うと、脳にとっての栄養のようなもの。BDNFの分泌によって年齢に関係なく、脳が成長しやすくなり、新しいことを学ぶ柔軟さも得られるのです。
また、20分のウオーキング後は、認知力や注意力を高めてくれるドーパミン、気分を高めてくれるノルアドレナリン、抗うつ効果のあるセロトニンが分泌されます。歩くという気軽な運動をするだけで、読書の質を大きく高めることができるのです。

ちなみに、**私は朝、起きた後、運動を始める35分前にコーヒーを飲みます。**これは運動の35分前にカフェインをとると、パフォーマンスが上がるというデータがあるからです。さらに30分前になったら毛細血管を拡張する効果のあるサプリを服用。ジムに移動して、1時間から2時間体を動かし、帰宅後にシャワーを浴びて、着替え、瞑想で気持ちを落ち着けたら、そのまま読書を始めます。

運動後4時間が1日のうち最も集中力の高い時間帯になるので、その間に1冊5分ペースで「スキミング」し、かなりの量の読書をし、これはという本があればじっくり読み込んでいきます。

途中、ちょっと集中力が落ちてきたな……と感じたら、ステッパーを踏みながら本を読む**「歩き読み」**を実践。脳への血流量がアップするので集中力が持続するだけでなく、運動には過去にさかのぼって記憶を定着させる力もあります。

学校で子どもたちを長時間、机の前に座らせて閉鎖空間の中で静かに本を読ませるのは、非科学的。ボーッとしてしまい、本を読むこと自体が嫌いになってしまうかもしれません。

疲れたら歩き回るべきですし、何なら歩きながら読むほうが読書の質は上がります。

ぜひ試してみてください。

本書で紹介した本

■まえがき

『脳を鍛えるには運動しかない！　最新科学でわかった脳細胞の増やし方』（ジョンJ・レイティ／エリック・ヘイガーマン、野中香方子訳、NHK出版）

■第1章

『ヒルガードの心理学 第16版』（スーザン・ノーレン・ホークセマ／バーバラ・フレデリックソン／ジェフ・ロフタス／クリステル・ルッツ、内田一成訳、金剛出版）

『心理学・入門　心理学はこんなに面白い 改訂版』（サトウタツヤ／渡邊芳之、有斐閣）

『心理学大図鑑』（キャサリン・コーリンほか、小須田健訳、三省堂）

■第2章

『影響力の武器［第三版］なぜ、人は動かされるのか』（ロバート・B・チャルディーニ、社会行動研究会訳、誠信書房）

■**第3章**

『ハーバード×MBA×医師　目標を次々に達成する人の最強の勉強法』

（猪俣武範、ディスカヴァー・トゥエンティワン）

『影響力の武器　戦略編　小さな工夫が生み出す大きな効果』

（スティーブ・J・マーティン／ノア・J・ゴールドスタイン／

ロバート・B・チャルディーニ、安藤清志監訳、曽根寛樹 訳、誠信書房）

『良い戦略、悪い戦略』

（リチャード・P・ルメルト、村井章子訳、日本経済新聞出版社）

『ORIGINALS　誰もが「人と違うこと」ができる時代』

（アダム・グラント、楠木建監訳、三笠書房）

『「好き」を「お金」に変える心理学』（メンタリストDaiGo、PHP研究所）

『週40時間の自由をつくる　超時間術』（メンタリストDaiGo、実務教育出版）

【著者紹介】

メンタリストDaiGo（めんたりすとだいご）

◉——慶應義塾大学理工学部物理情報工学科卒業。人の心をつくることに興味を持ち、人工知能記憶材料系マテリアルサイエンスを研究。英国発祥のメンタリズムを日本のメディアに初めて紹介し、日本唯一のメンタリストとして数百のTV番組に出演。

◉——その後、活動をビジネスおよびアカデミックな方向へと転換し、企業のビジネスアドバイザーやプロダクト開発、作家、大学教授として活動中。日々インプットした膨大な情報・スキルを独自の勉強法で体得し、驚異的な成果をあげ続けている。

◉——著書は累計330万部。『自分を操る超集中力』『人を操る禁断の文章術』（ともにかんき出版）、『週40時間の自由をつくる超時間術』（実務教育出版）ほかヒット作多数。

●オフィシャルサイト
http://daigo.jp
●ニコニコチャンネル／メンタリストDaiGoの「心理分析してみた！」
https://ch.nicovideo.jp/mentalist

知識《ちしき》を操《あやつ》る超読書術《ちょうどくしょじゅつ》　〈検印廃止〉

2019年11月18日　第１刷発行
2019年12月４日　第２刷発行

著　者——メンタリストDaiGo
発行者——齊藤　龍男
発行所——株式会社かんき出版
東京都千代田区麹町4-1-4 西脇ビル　〒102-0083
電話　営業部：03(3262)8011㈹　編集部：03(3262)8012㈹
FAX　03(3234)4421　振替　00100-2-62304
http://www.kanki-pub.co.jp/

印刷所——図書印刷株式会社

ISBN978-4-7612-7456-6 C0030

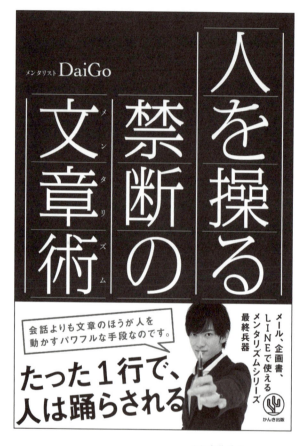